瀬長亀次郎

民族の怒り

もえあがる沖縄

新日本出版社

まえがき

再刊『民族の悲劇』は沖縄協定批准に反対し、そのやり直しをもとめ、沖縄の即時・無条件全面返還、安保廃棄をめざす統一行動を準備するなかで、多くの仲間たちに活用されたことに筆者は大きいよろこびを感じ、ともにたたかう決意を新たにしています。

『民族の悲劇』は五〇年代の県民の苛酷な軍事占領支配にたいする苦闘、どちらかといえば、本土との共闘がまだみのらず、県内でも個々に分断された形での苦しいたたかいでしたが、六〇年代から七〇年代初頭にかけての沖縄県民の闘争は、〝民族の怒り〟が爆発し、総抵抗にたちあがり、本土・沖縄を結ぶ統一行動をつみかさね、米軍基地の維持を困難なものにするほどの統一戦線の怒涛のような勝利の進撃を展開した年代でした。

このことについてロジャーズ米国務長官は沖縄協定批准にかんする米上院外交委員会の冒頭証言（71・10・27）でつぎのとおりのべています。

屋良が主席にえらばれたことは、これ以上返還をおくらせることは、沖縄のわが軍基地施設の効果的運営をつづけていくうえで不可欠な地域住民の暗黙の承認が、急速に崩れるだろうということをはっきりさせた。……地域住民がわれわれがひきつづき留まることに積極的に反対すれば、沖縄の基地施設を運営することはきわめて困難となろうし、おそらく不可能となろう。

この証言は米侵略者にとって統一闘争のおそろしさと、沖縄協定の目的が基地確保にあることを露骨に敵意にみちてのべたものです。

本書は『民族の悲劇』の続編として、この年代の県民の統一行動・統一戦線に焦点をあて、のべることにしました。いま、日米沖縄協定と土地強奪法――「沖縄における公用地等の暫定使用に関する法律案」――など七つの関連法律案が沖縄国会に提案され、自民党と佐藤内閣は県民を含む日本国民の将来を決定するこの協定と関連法案を十分な審議をつくさず、強行採決にもちこむ腹をかためています。

しかし、このことは決して敵陣営の強さを意味するのではありません。逆に11・10の沖縄の統一ストに十万余の働く仲間が総抵抗にたちあがった――これは本土で一千万人の総決起にあたる――ことにもみられるように、火ともえあがるこの国民の反撃にあった自民党佐藤内閣の混迷と弱さを裏書きしているといえましょう。

したがって、沖縄の全面返還、安保廃棄の実現をめざす統一闘争は、いよいよ、ますます、もえあがり、ひろがり、ふかまるでしょうし、七〇年代に国政を国民の手にとりかえす民主連合政府の樹立にむけての国民的革新民主勢力の壮大な統一戦線の課題が、どんなに緊急で重大なものであるかを広範な国民が自覚するようになるでしょう。それは、沖縄協定が、県民と本土人民が二十六年間、血の叫びを高め要求した祖国復帰、沖縄返還の実現ではなく、佐藤首相も沖縄国会の冒頭における所信表明のなかで「軍用地等の継続使用は、返還の前提だ」と脅迫した事実が明らかにしているように、また先のロジャーズが証言したように、アジア核侵略の沖縄基地の安全確保がその最大のねらいであるからです。したがって沖縄占領支配を許したサンフランシスコ「平和」条約第三条を撤廃し、安保条約を廃棄し、日本全土から基地をとりはらい、米軍を一掃し、核も基地もない、自衛隊もいない平和な豊かな新生沖縄づくりの統一闘争はこれからが本番をむかえるわけです。ですから、六〇年代以後における県民の不屈な団結と統一の血で綴られた闘争に学び、この成果を生かし輝かしい闘争の伝統を発展させることは、まさに日本国民の民族的課題であるといえましょう。

本書が七〇年代における統一闘争の前進にいくらかでも役立つことができるならば、本書出版の目的は果たされたことになります。

なお本書の出版にあたり、佐次田勉秘書、新原昭治赤旗編集委員、新日本出版社編集部の平田勝氏のたえまない御協力と御援助にたいし心から感謝申しあげます。

一九七一年十一月十一日

東京・衆議院第一議員会館にて

瀬長亀次郎

追記

本書の校正も終わり、まさにできあがろうとしているとき、自民党は大半の同党議員に知らせることすらなく、抜き打ち的に沖縄協定の衆議院特別委員会強行「採決」の暴挙にでた。十一月十七日午後三時十五分だった。私は、そのとき、翌十八日におこなう質問の原稿を議員会館の個室で練っていた。私の質問は、自民党の理事をはじめ各党で確認され、NHKをはじめマスコミも中継録画の準備をしていた。その最中の暴挙である。ニュースを聴いた瞬間、あぜんとすると同時に、腹わたがにえくりかえるような怒りを覚えた。

自民党と佐藤内閣は、沖縄協定を〝世紀の偉業〟と自画自賛した。しかし、この暴挙であきらかなように これはまさに 沖縄県民を含む日本国民への 〝世紀の挑戦〟である。自民党は、〝沖縄の声〟を封じたつもりかもしれないが、これは見当ちがいだ。〝弾圧されればそれに倍する総抵抗が生まれる〟というのが 沖縄県民の 二十六年にわたるたたかいの 教訓だった。私は、沖縄県民を含む全日本人民の総抵抗が大きなうねりとなって佐藤内閣をうちたおし、国会解散をかちとり、沖縄全面返還と安保廃棄による日本の真の独立が、かならず七〇年代に実現することを確信して怒りの筆をおく。

一九七一年十一月十七日

衆議院沖縄協定特別委員会での強行「採決」の日

瀬長亀次郎

目次

まえがき

I 祖国へ

1 アイク大統領裏門から逃げる……1
2 「亀の背中に乗って」祖国の岸へ……5
3 あのとき三条撤廃に賛成しておれば……10
4 「安保条約を知らしめよう」で我慢……14

II ケネディと沖縄新政策

1 「自由と平和」の「女神」ケネディの登場……18
2 なりものいりの沖縄新政策……22

III キャラウェイ旋風

1 「旋風男」キャラウェイ……29
2 「情勢が変化した」と拒否権乱発……31

3 おまえの金はおれのもの……36
4 布令の乱発……40
5 水タンク二個以上は弁務官の許可がいる……43
6 自治は神話か……45
7 人民党恐怖症……47
8 ケネディの死と反人民党コーラス……52

Ⅳ 統一の波――銃剣の前で

1 全沖労連の結成と国際自由労連……59
2 紙の弾丸……70
3 人殺しの手つだいはごめんだ……80
4 宮古の農民運動……83
5 凶悪犯人をひきわたせ……94

Ⅴ 勝利への進撃

1 佐藤総理基地内に逃げこむ……108
2 失格宣言……116
3 その裁判まった……121

4 軍国主義教育はごめんだ……124
5 昆布の勝利……137

Ⅵ 十二年ぶりの本土

1 渡航をかちとった力……149
2 一六回にわたる渡航拒否……151
3 違憲訴訟法廷にのぞんで……152
4 本土の民主勢力との熱い連帯……162

Ⅶ 日米沖縄協定

1 欺まん的な「返還」論と日米共同声明……165
2 かちとった主席公選……168
3 B52撤去、生命を守る県民共闘会議……172
4 われわれが検査する……176
5 国政に参加して……183
6 はじめて見た共産党の顔……185
7 山もほえる〝演習反対〟……189
8 異常な夏……192

9　日米沖縄協定……196
むすび　沖縄は何を求めるか……207
解　説　新原　昭治　215

Ⅰ　祖国へ

1　アイク大統領裏門から逃げる

琉球政府の建物を取り囲んでいた一万余の県民大衆は、那覇警察署のマイクが「アイゼンハワー大統領は、ただいま那覇空港から嘉手納基地へ向かいました」と放送するのを聴いてアッと思った。

「自由主義陣営」の頭目であるアメリカ大統領が、こともあろうに日程とコースを変更して政府庁舎の裏道からコソ泥のように逃げ帰る、とだれが想像したであろう。

その日、一九六〇年六月十九日は新安保条約自然成立の日だった。沖縄は、二日前まで降り続いていた雨も止んで文字通り「沖縄晴れ」の晴天だった。

その年の四月二十八日に生まれたばかりの沖縄県祖国復帰協議会は、最初の大がかりな大衆行動として県民大会と復帰請願デモを計画した。大会会場には、各市町村をはじめ労働組合、民主団体から参加者がつめかけてたちまち万余にふくれあがり、「沖縄を返せ」の大合唱がこだまするなかで祖国復帰実現の決議が採択された。大会がおわりデモに移る頃になると、一般市民も含めて軍用道路一号線から政府庁舎に通じる道路は、足の踏み場もないほど県民がつめかけ、アイクの来るのを待ち受けていた。

その頃、午前十一時三十分の特別機で嘉手納空軍基地に降り立ったアイクは、「ウェルカム・アイク」の歓迎に満足の意を表し、大田任命主席とオープンカーで那覇に向かっていた。

嘉手納から那覇までの軍用道路一号線の沿道には、約二二キロにわたって授業を中止して動員された小中高生と住民が日の丸や星条旗をうち振っていた。アイクは、これを全住民の「絶大な歓迎」として受けとり、彼自身も「百万ドルの微笑」をたやさず両手を振ってこれにこたえていた。

しかし、那覇に近づくにしたがってアイクの表情はこわばり、驚きの表情に変わっていった。日の丸と星条旗の小旗だけであった沿道の風景がしだいに変わり、赤、青、緑などさまざまな色をした労働組合や民主団体の旗が風になびき、プラカードがうち振られ、「ヤンキー・ゴーホーム」の叫びまでとびこんできたのである。那覇市内にはいると日の丸と星条旗はほとんど姿を消し、赤旗の波と労働者、市民、学生などの渦巻きデモと「沖縄を返せ」「侵略者、アイクかえれ」のシュプレヒコールがあたりを圧した。

「平和と親善」を語りにきた、という宣伝とうらはらにM・Pだけでは間に合わず完全武装で着剣した米海兵隊が一メートルおきに道路の両側に並び、その銃口は県民に向けられた。波状的にひろがっていく熱気をおびたシュプレヒコールと警察も手をつけられなくなった激しい行動は、アイクにこんなはずではなかったと強烈なショックを与えた。

嘉手納を出発したときと違って、アイクを乗せた車は急にスピードを増し、アッという間に群衆の前を通り抜け政府庁舎に消えていった。そして再び県民の前にその姿を現わさなかった。

アイゼンハワー米大統領は、もともと「日米友好百年記念」の国賓として、新安保条約が自然成立する日に日本を訪問するはずであった。しかし、本土における新安保条約反対の壮大な統一の波の高まりのなかで、共産党、社会党を中心とする広範な民主勢力によってその本土上陸を断念せざるをえなかった。

そこで日本の領土の一部である沖縄に立ち寄ったわけであるが、アイクはアメリカの軍事占領支配下にある沖縄を自分の領土のように感違いしていた。沖縄県民は、米国の施政権下にあることに感謝しているに違いない、とたかをくくって乗りこんできた。

ところが、きてみると万余のデモ隊に包囲され、滞在予定を三〇分も早く切り上げ、しかも泥んこの悪道を通って逃げ帰らざるをえなかった。

「アイク帰れ」「沖縄返せ」を叫び、民族の独立と平和をめざしてたたかっている県民の怒りにあてられて、アイクに同行してきた外人記者団は「ここも日本だ」と語ったという。まさに日本だったのだ。このアイク追放のたたかいは、本土におけるアイク訪日阻止、新安保条約反対のたたかいと固く結合し、その重要な一環をなすものであった。

当時、沖縄県祖国復帰協議会は、まだ安保条約に反対する明確な方針を打ち出すことができず「安保条約の本質を知らしめる運動を展開しよう」という段階にとどまっていた。だが本土における壮大な安保闘争の高まりは、ただちに沖縄県民のたたかいに反映し、人民党を先頭とする自覚的民主勢力は、「安保改定阻止」「新安保条約反対」のプラカードをかかげてアメリカや合衆国大統領にたいするたたかいに積極的に参加した。

実際のたたかいを通じて沖縄県民は、安保条約の本質をつかんでいった。ここに沖縄県民のたたかいの特徴があり、教訓がある。アイク追放のたたかいが、生まれたばかりの復帰協の指導でおこなわれたということは、統一戦線の土台としての復帰協の役割を十二分に証明した。そして、このたたかいが本土と相呼応しておこなわれただけでなく、労働者がその中心部隊として登場してきた意義は大きい。これらの特徴は、五〇年代の県民のたたかいとは質的に違うものであり、明らかな画期を示すものであった。

さて、アイクが県民に追い出されたその日、「韓国」のソウルでハガチー米大統領新聞係秘書官は「アイゼンハワー大統領は、那覇でのデモを問題にしてない」と語った。これこそ、語るにおちる負け犬の遠吠えである。県民は団結と統一のもとに県民の総力を結集すれば勝利疑いなしと自信を深めていった。

2 「亀の背中に乗って」祖国の岸へ

一九六八年の沖縄三大選挙、一九七〇年の沖縄国政参加選挙などで「カメさんの背中に乗って祖国復帰を」というキャッチフレーズがよく使われた。

あんなやせた背中に乗っていけるか、と冗談口もよくたたかれたものだが、実は、この言葉が使われはじめたのは随分前のことである。

一九五〇年九月十七日、沖縄群島知事選挙がおこなわれた。これは、その年の六月三十日、シーツ琉球列島軍政長官の布告三七号の公布による、宮古、八重山、奄美群島などの知事選挙の一環としておこなわれたものである。

候補者は、当時民政府の農林省総裁をしていた平良辰雄（元社大党委員長・故人）と民政府工務部長松岡政保（任命主席・元自民党総裁）および沖縄人民党書記長瀬長亀次郎の三名だった。

松岡政保は、選挙綱領の冒頭に「軍政府に民意を率直に進言し、軍民政治の一体化をはかる」というもので、公然と対米従属ぶりを示していた。

平良辰雄は、「議会政治を確立し、全琉球統一政府の実現をはかる」ことを冒頭にかかげ、沖縄の自治の確立をめざすと同時に農漁民の立場に立った諸政策もかかげていた。

一方、私は「人民自治政府の樹立と憲法議会の設定」をかかげ、最低賃金制の確立と完全雇用の実現、生産力拡充のため配給食糧の増配、可耕地の解放、人民大衆をおびやかす悪税反対など労働者、農漁民、県民大衆の具体的要求をとりあげていた。

この選挙で重要だったのは、それぞれの選挙綱領には直接でてこないが、祖国復帰にたいする各候補者の態度だった。

講和条約もまだ結ばれてない当時の沖縄の情勢では、「復帰」ということばは一種のタブーとなっていた。

米軍が積極的に推薦した松岡政保は、この「禁句」をよく守っていた。

平良辰雄は表むきには復帰問題はかかげなかったとはいえ、「選挙中の各地での懇談会では必ずといっていいほど私は、この問題をまっさきに持ち出すことにしていた」とその回顧録で語っている。

これにたいして私は、懇談会、街頭演説、立会演説会においても堂々と復帰問題をとり上げていった。そして私は「私一人で叫べば一町ほどしかとどかない。しかし全県民が声をそろえて叫んだら東京にひびく。日本全国民が叫びをあげるなら、ワシントンをゆり動かすことができるのだ」と訴えた。応援弁士の上地栄は「瀬長の〝亀さんの背中〟に乗っかって、本土の岸まで運んでもらおうではありませんか」と演説したのである。

松岡政保にたいして、平良辰雄、瀬長亀次郎の両候補は、強弱の差こそあれ共に祖国復帰を要求してたたかっていたわけである。

ところで、この選挙で私がかかげた「人民自治政府の樹立」ということを指して、これは「琉球独立論」ではないか、と疑問を出す人がいた。

しかしこれは、「独立論」とは縁もゆかりもないのである。当時、「琉球」は奄美大島、沖縄本島、宮古、八重山と四つに切られ、ともに祖国日本から分断されていた。この四つの島々が集まって一緒にならなければならない。一体となり、力の結集をはかることなしに自治能力は最高度に発揮できないし、日本民族の結集、すなわち祖国復帰への力も強くならない。

したがって、群島「知事」選挙で出した「人民の自治政府樹立」の政策は、決して祖国復帰と矛盾するものではなく、むしろそれを一日も早く実現するための力の結集を目的としたものであり、沖縄県の回復を目ざすものであった。

だからこそ、タブーとなっていた祖国復帰問題を真正面からとりあげた人民党の政策と訴えのなかで「亀の背中に乗って」というキャッチフレーズが作りだされたのであった。

さて、選挙の結果はつぎのようであった。

平良辰雄　　一五八、五二〇票
松岡政保　　六九、五九五票
瀬長亀次郎　　一四、〇一八票

投票日の数日前に沖縄人民党の準機関誌『人民文化』の発刊を突然禁止するなど米占領軍によって陰に陽に加えられた人民党と私にたいする弾圧、いやがらせのなかでかちとられた一万四〇〇〇票は、貴重な人民の力の結集であった。

「知事」選挙の綱領には直接的には出なかった祖国復帰問題は、年が明けると急速に、しかも具体的にとり上げられていきはじめた。

祖国復帰問題が最初、具体的に取り上げられたのは、沖縄人民党提唱による四政党会談（沖縄人民党、共和党、沖縄社会大衆党、社会党）においてであった。それは、一九五一年二月十六日と二十一日に開かれた。

沖縄県民の運命を決する帰属問題は、一政党が独占すべきではなく、党利党略をはなれて、ゆずるべきところはゆずり、従来のいきがかりを捨て、協調できれば同一目標に向かって進むべきであるという態度で、各党とも会談に臨んだが、ついに一致点を見出すことはできなかった。

しかし、運動の中で祖国復帰問題にたいする各政党の立場は次第に明らかにされていった。すなわち、社会党（現在の社会党ではない）がアメリカ信託論、共和党が琉球独立論、人民党、社大党はそれぞれ日本復帰の立場を発表した。

人民党が正式に日本復帰論を決定したのは、一九五一年四月十八日、那覇市でひらかれた臨時大会の時であった。人民党中央委員会は、最初から超党派的立場で運動を進めるのが正しいとして、同一目標に進む社大党に共同行動を申し入れ、個人、団体の別なく賛同する者の入会によって運動をすすめる「日本復帰促進期成会」の結成に取り組んだのである。

同じ四月十八日、社大党も党大会を開催中だったが、人民党の申し入れについて決定を見るに至らなかった。

その後、いろいろないきさつがあったが祖国復帰という基本点で一致し、結局社大党の提唱という形で日本復帰促進期成会を結成することになり、四月二十九日、那覇市でその結成大会がひらかれた。

ここで、全県的に「信託統治反対、即時日本復帰」の署名運動をまきおこすことがきめられ、祖国復帰への歴史的な行動の開始が告げられたのである。そしてわずか一ヵ月間で全有権者の七二％以上の復帰署名が集められた。

県民の血のにじむ署名運動のなかでかちとられた署名簿は、サンフランシスコ「平和」条約について討議中のアメリカ政府、日本政府におくられたが、吉田茂を首席とする日本政府代表団は県民のこの民族的な、熾烈《しれつ》な要求に耳をかすことすらせずこれを一蹴し、「この条約は信頼と寛容と友愛にみちた条約である」と売国の歌を恥知らずにも歌いつつ、ついに沖縄を祖国から分断し、アメリカ帝国主義の核ミサイルのもとで県民を苦しめる売国条約に調印し、今日まで軍事占領支配をつづける「法的根拠」をあたえた。ところで人民党、社大党を中心とする日本復帰促進期成会が署名運動などを通して果たした役割は大きかった。それに選挙された知事が人民の声を政治に反映することの深さにおどろいた占領軍は、「臨時中央政府」を発足させると同時に群島知事をやめさせ、群島議会を解散させた。

その後、一九五二年二月二十三日にアメリカは布告第一三号（琉球政府の設立）を公布、「琉球政府行政主席」を任命し、こえて三月二日には第一回立法院議員選挙がおこなわれた。人民党は県民の圧倒的な支持のもとで私を当選させ、あとで奄美大島の選挙区から中村安太郎同志の当選をかちとり、二人を立法院におくることができた。

3　あのとき三条撤廃に賛成しておれば

あの一九六八年の歴史的な三大選挙のときだった。

「明るい沖縄をつくる会」に結集した県民は、革新主席の勝利と共闘会議推薦の全候補の飛躍的前進をめざして全精力を集中していた。たたかいの結果は「私たちはいま、太陽の輝きの下で、大きく羽ばたいています」と「伊江島土地を守る会」の阿波根昌鴻会長の喜びのことばに象徴されているように、祖国復帰民主勢力の大きな前進となった。

その選挙母体の「明るい沖縄をつくる会」結成大会当日、開会を待つ舞台裏で「屋良さんを励ます会」会長の平良辰雄氏が私に話しかけてきた。

「亀さん、あのとき三条撤廃に賛成しておれば、もう少し復帰が早くなったかもしれませんね」と。

平良辰雄氏は、長く沖縄の政界で指導的な役割を果たしてきた人である。はじめておこなわれた沖縄群島知事選挙で当選したのを皮切りに、今日の社会大衆党の創立の中心となり、初代委員長になり、立法院議員として沖縄の自治権の拡大や祖国復帰運動の前進のためにも大きく貢献した人である。その良心的で大衆的な人柄は多くの県民に親しまれてきた。

その平良辰雄氏が〝あのとき〟と言ったのは、一九五二年四月二十一日にひらかれた立法院第一回定例会のことである。

その日の議事日程には、立法院議員であった私の発議による「日本復帰について」と社大党平良辰雄議員の発議「琉球の完全日本復帰に関する請願」、ほか一件の決議案が上程されていた。

その日は、多くの日本人民とソ連、中国、インドなどの世界の平和・民主勢力の反対を無視して調印されたサンフランシスコ「平和」条約が発効する四月二十八日をちょうど一週間後に控えていた。

いうまでもなく、このサンフランシスコ条約第三条で沖縄は祖国日本からまさに分断されようとしていた。

私の発議した「日本復帰について」の決議案の文案はつぎのとおりであった。

全琉球百万人民は民族の独立と自由と平和のために祖国日本へ復帰することを熱願している。琉球立法院は全琉人民のこの切なる意志を体し日本復帰実現のために、対日平和条約第三条撤廃請願運動の先頭に立ち人民と共に祖国復帰運動に邁進することを誓うものである。

私は、対日平和条約第三条および日本国との平和条約を参考資料として提出、信託統治がまやかしであり、だいいちアメリカ自身が沖縄を信託統治にする意志を毛頭もってないばかりか国連の状況からみてそれは不可能である。したがって、第三条撤廃以外に祖国日本への復帰の道はあり得ない、と発議の理由を説明した。

これにたいして、保守・反動議員は、「サンフランシスコ条約は、すでに四九ヵ国の調印を得ているので、立法院で三条撤廃の決議をしてもこれらの国の決定を動かすことはできない」とか、「日本八千万同胞が期待をかけている条約が発効する前に三条撤廃を決議することは、四九ヵ国の民主国家を相手にしてわれわれ一立法院がこの条約を拒否する形となり、従ってそれはソ連帝国主義国家とその衛星国のまわし者となる」などと反共的な理由をもちだしてきた。

そしてあげくのはては、「時期尚早だ」とか、「立法院議員がまだどういう状態のものかわからないのにいくら吠えても何にもならない」「トウロウの斧だ」「出来ないのを強いてつよがりをいって、もっての外だ」とか「瀬長議員の話は全琉百万県民の心を心とするものではなく、瀬長議員一人の感じにもとづくものである」とかいうような理由で反対してきた。

一方、社大党は三条撤廃がサンフランシスコ条約の性質上きわめて重要な内容であるので慎重に討議を深めるべきであると主張した。しかしそれは、私の発議にたいする賛成という意味ではなかった。その時の社大党平良辰雄議員の発議の主眼は、もちろん祖国復帰の早期実現であったが、第三条にたいする見方は私とはむしろ反対であった。

提案理由のなかで平良議員は「……この講和条約第三条によってむしろ国際的に琉球は日本に帰属しているというふうに認められているとわれわれは考えるのであります」と述べている。同じく同党の安里積千代議員は「……何時になるか分らない三条の撤廃論をかかげていくよりも、むしろ第三条を活かす事によってわれわれは早期に日本に完全復帰出来るのだという見解をもっている。完全復帰については、第三条は邪魔にならないばかりでなく、むしろこれはアメリカがやがて琉球を日本に返す前提条文であると私は信じているのであります」と発言した。

私が発議した「日本復帰について」の決議案は、結局社大党議員も含めた圧倒的多数によって否決されてしまった。

しかし、沖縄人民党は、祖国復帰のたたかいのなかで、第三条撤廃のスローガンを全県民の統一スローガンにすえるためにねばりづよく奮闘しつづけた。

それから八年後、本土における安保改定阻止、沖縄返還を要求する民主勢力の壮大なたたかいが発展するなかで、一九六〇年四月二十八日に結成された沖縄県祖国復帰協議会の活動方針には、サンフランシスコ「平和」条約第三条撤廃のスローガンが統一スローガンとしてはじめて力強くかかげられた。

島ぐるみの土地闘争を重要な起点とする沖縄県民のアメリカ帝国主義にたいする不屈なたた

かいの歴史、その歴史のなかから人民大衆は祖国復帰への自らの正しい展望と道すじを明らかにしていったのである。

4 「安保条約を知らしめよう」で我慢

沖縄県祖国復帰協議会（復帰協）が結成されたのは、一九六〇年四月二十八日であった。沖縄教職員会、沖縄官公労働組合、沖縄県青年団協議会、沖縄人民党、沖縄社会大衆党、社会党など一七団体が参加してひらかれた結成大会は、会場内に約一五〇〇人、場外に一般市民、学生など一五〇〇人ほどがつめかけていた。

そして、つぎの諸項目を決定し、「悲願実現まで祖国復帰をさけぶ」という大会宣言をおこなった。

「①日本政府に対し、沖縄返還要求の対米外交をせまる、②潜在している日本国憲法適用の顕在化に努力する、③国政参加を実現する、④国家経費を本土政府に支給させる、⑤国会において沖縄問題特別委員会の設置を実現する、⑥日本政府に対して沖縄復興特別措置法を制定させる、⑦主席公選を実現する、⑧国有地管理の民移管と軍事基地用国県有地の地代支払いを要求する、⑨思想、言論、出版、集会、団結、渡航の自由について完全保障を獲得する、⑩軍縮と平和共存政策を支持する、⑪植民地主義全廃運動を展開する」

結成された復帰協は、その後の復帰運動、民主主義と平和、生活と権利を守るたたかいのなかできわめて重要な役割を果たしていった。

復帰協は、その前の日本復帰促進期成会にくらべて組織的、政治的に大きな前進を示していた。まず組織的には、「政治的紛糾にひきこまれないよう、純粋な立場」に立つという理由で政党や労働組合を排除していた期成会の弱点を克服し、政党ならびに労働組合などを対等・平等の資格で参加を認めたことである。

つぎに政治的には、これまで期成会があいまいにしていたサンフランシスコ「平和」条約第三条撤廃、即時復帰をめざしてたたかうことをその中心スローガンにすえたことである。これは、本土における民主勢力との共闘をおしすすめ、民族の真の独立、中立、民主、平和のたたかいに大きく貢献する内容をもつものであった。

しかし、第三条撤廃については明確にしながらもサンフランシスコ体制のもう一つの柱である日米安保条約については、「安保条約の本質を知らしめる運動を展開しよう」という段階でとどまっていた。

このスローガンもスンナリきまったのではない。復帰協執行委員会でつぎのような討論がおこなわれた。人民党はそのとき、執行委員として私を送っていた。

瀬長「スローガンのなかに〝安保条約反対〟を入れるべきだ」

A代表「われわれ沖縄県民は、第三条撤廃だけでいいではないか」

B代表「安保条約は沖縄には関係ないと思うが」

瀬長「安保条約は平和条約第六条にもとづいてできている。本土人民はこの安保条約で半占領下におかれている。われわれも日本人だ。同じ日本人として真の民族独立のために共にたたかう必要がある。サンフランシスコ体制というのは、沖縄全面占領と安保条約の二本の柱をさしているもので、これは不可分の関係にある。したがって安保条約撤廃を入れるべきだ」

A代表「しかし、安保条約を知らないのに反対するわけにもいかん」

B代表「瀬長さん、何か安保条約のことを書いてあるパンフでもお持ちですか」

瀬長「持っています。これです。安保条約の全文はこれです」

A代表「それじゃ、知らないのに反対というのもおかしいので、『安保条約の内容を知らせよう』、ではどうですか」

ということで「安保条約の本質を知らしめる運動を展開しよう」というスローガンが決定された。

これは、はじめて沖縄県民のたたかいのなかに安保条約の問題が提起された点で重要な意味をもつものであったと同時に、「一致点で行動する」という復帰協の精神と統一戦線の立場を常に堅持する人民党の態度を示したものであった。

この精神はその後、一九六四年の「緊急発進」演習、六五年二月に沖縄の米海兵隊航空ミサイル大隊の南ベトナムのダナン上陸、B52の飛来と渡洋爆撃など文字どおり沖縄全島が戦場化していくなかで県民の闘争目標はさらに発展し、統一スローガンとして「ベトナム侵略戦争反対」「軍事基地撤去」「米軍撤退」「日米安保条約廃棄」などのスローガンの採択となって発展していった。

一九六七年四月三日の復帰協執行委員会で決定された「四・二八行動基本要綱」には、アメリカのベトナム侵略戦争に反対し、「平和」条約第三条撤廃、日米安保条約を破棄することが明確にのべられている。これは沖縄県民の不屈なたたかいの発展を反映したものであり、沖縄返還闘争が本土人民との固い共闘、連帯の土台の上に立って前進し促進する闘争目標となったことで画期的な意義をもつものであった。

そして、この前進は「一致点で行動する」という共同行動、統一戦線の原則的態度を貫き、堅持することがいかに重要であるかを教えている。

「安保条約の本質を知らしめよう」で我慢したのではなく、それはくりかえすまでもなく統一戦線を守り発展させる立場に立つものであった。人民党は、その発案の当時から独自活動のなかで、一貫して安保撤廃をかかげて奮闘したことはいうまでもない。そしてそれは、沖縄全面返還、安保条約廃棄を堂々とかかげて統一闘争を発展させていった復帰協の自信にみちた行動の大きなささえになった。

Ⅱ　ケネディと沖縄新政策

1　「自由と平和」の「女神」ケネディの登場

〝私は戦争が好きだ。他民族を侵略し、奴隷にするぞ〟と叫びながらやって来る帝国主義者はいない。ほとんどが自由と民主主義の仮面をかぶってやってくる。

アメリカ帝国主義の新しい代表であるジョン・ケネディは、一九六一年一月に大統領に就任した。そして「自由と平和」の旗手であることを自ら名乗り、「民主主義」者であることを鳴物入りで宣伝しつつ登場してきた。

彼の若さと行動力、「平和と自由」にたいする激しい「情熱」にかなりの人びとが賞賛の拍手を送り、大きな期待をかけていた。

フルシチョフ・ソ連首相のアメリカ訪問は、そのようななかでケネディを「自由と平和」の女神に仕立て上げるのに役立つものであったといえよう。

そのころ軍人出身のアイゼンハワーに代わるケネディの登場は沖縄でもブース中将の後を継いでキャラウェイ中将の高等弁務官就任にわずかながら期待する空気が生まれていた。

この空気を察知したかのように、その年の六月におこなわれた池田・ケネディ会談の翌六月二十四日、キャラウェイ高等弁務官は「日本、沖縄の祝祭日に公共建物に日本国旗の掲揚を許可する」と発表した。この発表は、県民をうれしがらせた。

しかし、仮面は所詮仮面でしかない。それはいずれはぎとられる運命にある。ケネディの「平和と自由」の仮面も彼の意思に反してその仮面のはぎとられる時期は意外と早くやってきた。

一九六一年六月の池田・ケネディ会談は、もともと「沖縄問題」が中心ではなかった。停滞している日「韓」会談を再開させ、「日韓条約」を急いで締結させることによって新安保条約に新たな魂を入れ、NEATO（東北アジア軍事同盟条約機構）をどう一日も早く完成させるかということが話し合いの重要な内容であった。もちろんその中核に沖縄基地をおくことは大前提であるが。

とはいえ、本土における壮大な安保闘争と結合し、相呼応してたたかわれた沖縄県民のアイク訪沖反対の一大デモンストレーションは、ケネディの脳裏にこびりついて離れなかった。日本独占資本とその代表者にとってもそれは同じだった。

その結果池田とケネディは、共同声明に「大統領は、米国が琉球住民の安定と福祉を増進するため一層の努力を払うむねを確言し、さらにその努力にたいする日本の努力を歓迎するむねのべた。総理大臣は、日本がその目的のため米軍とひきつづき協力するむねを確言した」ことを書きこみ、植民地政策の常套手段である「アメとムチ」の政策を実行する約束をした。

この約束は、それこそ息つく間もなく実行に移された。帝国主義者は、その強欲のためであるならば実に見事な実践力を発揮する。

八月二日、沖縄県民の声を聴くと称してライシャワー駐日大使が沖縄を訪れ、政界や財界と懇談し、講演などをおこなった。

彼はかつてハーバード大学教授時代に「われわれは沖縄にある軍事基地を維持するために植民地支配をおこなっているが、一方ではこれと同じ重要性をもつ日本の基地は条約による日本の合意だけで維持している。だから沖縄の場合、ほとんどいいのがれできない。沖縄のおかれている十九世紀的地位は、二十世紀の世界で全然通用しないことがまもなくわかるだろう。日米関係が沖縄問題で困った状態にならぬまえに、米国がこの問題にとりくむようにすすめたい」とのべ、彼自身の植民地政策と抱負を明らかにしている。

まさに彼は、池田・ケネディ会談の具体化と日米関係が沖縄問題で「困った状態」にならないためにきたわけである。

彼は沖縄に来県以来、自分が県民の声に耳を傾ける大使であり、「親日家」であることを事あるごとに宣伝した。日本人である妻と連れそって浜辺を散歩している写真をマスコミを通じて宣伝させる涙ぐましい努力までした。

しかし、広びろとした美しい浜を無理やりに米軍に占領された県民にとって、大使夫妻の仲睦まじそうなスナップは、かえって反感を生みだす皮肉な結果にしかならなかった。

さて、ライシャワーは沖縄にきて一体何をしゃべったのか。

「……現在世界の大きな問題は軍事問題であり、共産国では平和共存を唱えているが、彼らは実際にはそれを信じてない。平和共存にかくれて起こっている問題があり、それに日本をも陥れようとしている。後進国の開発や進展と同じく軍事防衛問題が重要であり、そのために琉球も一役買っているが、それは日本だけでなく自由諸国も守っており、沖縄にもこのことは関連する。」

ケネディ親分顔負けの反共演説である。しかも勿体ぶってすでに言いふるされた沖縄が自由諸国防衛に重要な役割を果たしていると説教する。

県民はだれとなしに〝これが親日家の正体か〟と毒づいていた。

ケネディは彼らなりの約束を実行するために準備を急いだ。

十月五日、大統領補佐官バンディの副補佐官カール・ケイセンを団長とする八名は、ケネディの命を受けて軍用機で沖縄を訪れた。十五日間にわたる沖縄滞在中彼らはほとんどその見解を示さず、もっぱら立法院、行政府、財界、民間団体などを相手に聴き役にまわっていた。

さらにケネディは、六二年二月には弟のロバート・ケネディ司法長官を日本に派遣し、それぞれ報告させ、「沖縄新政策」の準備を着々と進めた。

2 なりものいりの沖縄新政策

一九六二年三月十九日、ケネディは、大統領声明で「沖縄新政策」を発表した。それはおよそつぎのとおりであった。

「本調査団（ケイセン調査団）の調査は、琉球列島内の軍事基地に米国が重要性を認めていることを強調している。これらの基地に展開されている軍事力は、極東の平和にたいする脅威に直面してわれわれがとっている阻止力の保持の上で、もっとも重要なものである。琉球列島内のわれわれの基地は、日本から東南アジアにかけて大きな弓形に存在するわれわれの同盟諸国にたいし、一旦緩急ある場合は、米国がその応援におもむく意思も能力もあることを裏付けるのに役立っている。」

沖縄がアメリカ帝国主義のアジア侵略、アジア諸国人民の主権回復、民族独立と解放闘争を抑圧する拠点基地であることをだれはばかることなく公言する。

ケネディは、ついで「私は琉球が日本国土の一部であることを認め、自由世界の安全保障の立場から琉球が完全に日本の主権のもとに復帰が許される日を待望している」とぬけぬけとのべ、しかし、すぐに復帰することは許されないのでそれまでの措置としてつぎのようなことをおこなうというのである。
①沖縄にたいする米援助増額。
②沖縄住民の給与水準、公衆衛生・教育・福祉の水準を日本本土の相当する地域の水準までの引上げ。
③沖縄住民の安寧と福祉および琉球経済開発を増進するための援助への供与について、日米間に協力関係を実施するための明確な取り決めを作成すべく日本政府と討議を開始する。
④米国民政府の機能を検討し、琉球政府に委任できるものは委任する。
⑤琉球内の米国軍事施設または琉球列島自体の安全保障維持のために必ずしも重要でないすべての統制を撤廃する。
イ　立法院が琉球政府行政主席を指名することを規定する。
ロ　高等弁務官の拒否権について、その制限付き目的を強調するために書きかえる。
ハ　立法院議員の任期を二年から三年に延長する。
ニ　立法院が選挙区の数と境界区分の変更をおこなうことを認める。
ホ　民政官は文官でなければならないことを規定する。
ヘ　琉球内のある一部の米国人にたいする刑事裁判権の規定にあるていどの技術的変更を加える。

米日反動勢力と買弁グループは、この「新政策」が「琉球が日本の一部である」ことを認め、「自治権を拡大」し「経済援助」と「経済開発」をおしすすめるものであると高く評価し、ケネディ美化の宣伝材料に使った。

大田任命主席はこの「新政策」を「現段階では明るい前途を約束するものとして歓迎したい」と礼賛し、沖縄の買弁資本のグループの利益を代表する自由民主党は「これはわが党の積み重ね方式の勝利であり、今後とも自信をもってわが道を行く」などと、ちょうちん持ちぶりを発揮した。

また当時、池田首相は「私は総理としまして、せっかくケネディ大統領がこれだけの措置をしたのに、またこれで、どうしろああしろというのは差しひかえたいと思う」などと発言した。

本土の安保闘争と固く結合してすすめられた県民のアイク訪沖反対の盛り上がりは、年を越えて那覇市長選における民主勢力の共闘の前進、人民党上原糸満町長の当選、それを支えた労働者階級の布令の撤廃と死文化闘争、サトウキビとパインを守る農民のたたかい、米軍および米軍人の犯罪糾弾闘争などとどまることを知らない発展をとげてきた。

そして「新政策」が発表される直前の六二年二月一日、立法院は国連の植民地解放宣言にそいながら米軍の沖縄占領は国連憲章違反であることを鋭く指摘した「施政権返還に関する決議」を自民党を含めて全会一致で採択したのである。

この決議は、日米両国政府のみならず国連加盟国あてに送られ、沖縄返還を国際世論に大きく訴えた。

さらに県民は、同二十二日に「国政参加に関する要求決議」を全会一致採択をかちとり、五万人の県民を結集した「沖縄解放県民大会」の成功へとそのたたかいを大きく盛りあげていった。

この二つの決議と県民のたたかいの発展は、米日反動をうろたえさせるのに十分だった。小坂外相は「植民地とは、一民族が他民族を植民地の形において支配し搾取している状態をいうのである。米国は沖縄に施政権をもっているが沖縄の同胞を搾取してないと考える。したがって沖縄は植民地ではない」と国会で答弁した。

田中角栄自民党政調会長などは「日本国憲法の改正と再軍備とをひきかえに沖縄の施政権をかえす用意がありましょうか」と米日中のロバート・ケネディ司法長官に口走る始末であった。

一方、非公式ながら在日米大使館は「立法院議員は国際情勢を知らないし、植民地主義の定義もしらない。だからああいう決議をするのだ」と立法院議員を罵倒し、八つ当りをした。

だがそれ以上に頭にきたのは沖縄の独裁者キャラウェイである。「日本は沖縄について潜在主権を持っているが施政権についての責任はない。沖縄の最高責任者は高等弁務官で、その権限は絶対である。場合によってはこの権限を最大限に行使する。沖縄住民の自治権は現在のままで十分であると考える」ときわめて高姿勢に言い放った。まさにアメリカ帝国主義の本心をさらけだしたものであり、アメリカのいう民主主義の正体を示したものであった。

気の毒なのは、任命主席大田政作である。自民党の総裁でもあった彼は、内外の反響があまりにも大きいのにビックリし、わざわざ記者会見をおこない「決議にさいして与党である自民党と事前になんの調整、連絡もなかった。施政権の返還を願うあまりに、文詞に誤解を招くことが生じたのではあるまいか」と弁解におおわらわであった。

「新政策」の本質が暴露され、破綻するのにそう長い時間はかからなかった。

まず主席の任命制度について、間接任命ではだめだ、公選にすべきであるという声が県民の中から湧きあがった。六二年十二月の大田政作の「主席」任命式は数万の県民の抗議の声に囲まれて強行された。つぎの松岡政保の任命式には、議会の開会を阻止し、流会させるまでにたたかいは発展していった。

なりものいりで宣伝されたアメリカの経済援助もケネディ大統領の面目を低下させる結果となった。キャラウェイ高等弁務官の米下院軍事分科委員会秘密聴聞会での「沖縄住民の一部に祖国復帰を要求する不穏な動きがあるが、対沖縄援助費を増額すればこのような傾向を和らげることはできよう」との証言にもみられるように、懐柔政策の中心がこの経済援助だった。ケネディも六〇〇万ドル以内の「援助」を規定したプライス法の改正と大幅増額を指示した。ケイセン調査団の報告では、沖縄基地の維持・安全にかかる費用として二〇〇〇万ドルは必要であるとしていた。

だが大統領の内命にもかかわらず、プライス法の改正はついに実現せず、「援助」についても議会は一二〇〇万ドルを認めたにすぎなかった。アメリカのドル危機はすでにそこまできていたのである。

日本政府からの「援助」も次第に増えてはいったが、沖縄米軍の「施政権介入だ」という強い態度に押されてしりすぼみとなった。

ケネディの「新政策」は、その前宣伝にもかかわらず公布と同時に県民の総抵抗とアメリカ自身のドル危機によって破綻しはじめたわけである。

しかし懐柔政策は、一定の困難にぶつかり、破綻のきざしをみせてきたが、彼らはその基本政策の実行を怠ることはなかった。

六二年五月九日、米下院軍事分科委員秘密聴聞会におけるエイルズ米陸軍次官はつぎのように証言している。

一　沖縄の占領をつづけている唯一の理由は、沖縄がアメリカと自由世界の〝安全〟のために無二の戦略的価値をもっていることにある。

一　沖縄新政策は、軍事基地保有、住民の協力をうるためにとられた政策で沖縄に基地の必要のあるかぎり日本への返還はできない。

このエイルズ証言を裏書きするかのようにこの「新政策」発表前に恩納村をはじめ四ヵ所にメースB基地の建設を強行し、発表後も、沖縄全域にわたって核武装化とアジア諸国人民の民族解放闘争を鎮圧するための特殊部隊の訓練ははげしさをましていった。

ナイキ、ホークの実射演習、水爆搭載機F105D機の増強、原子力潜水艦の那覇軍港、中城湾への「寄港」など沖縄基地の強化がだれはばかることなく強行された。ラオス愛国戦線を鎮圧するために沖縄米軍は連日のように行動をおこしていた。

これは、「局地的な通常戦争から全面戦争にいたるあらゆる段階に備える」というケネディの国防政策にもとづくものであり、核基地であるとともに局地戦争にたいする通常兵力の根拠地、通信、補給、中継基地といった基地機能を備えるものであり、「柔軟反応戦略」とよばれるものであった。

「自由と平和」の女神、若くて行動力のある「民主的な」なケネディの仮面は、県民の総決起したたたかいの盛り上がりとドル危機を中心とするアメリカ自身の矛盾の中ではぎとられ、侵略者としての正体をあらわしたのである。

Ⅲ　キャラウェイ旋風

1　「旋風男」キャラウェイ

悪名を残さずに沖縄を去った民政副長官、高等弁務官はひとりとしていない。アメリカ帝国主義の沖縄軍事占領支配自体が不法・不当であり、県民の願いや要求と相いれないものである以上、これは当然なのかもしれない。

その中でも、キャラウェイほど悪名高かった弁務官はいない。彼の悪政はいまもなお県民の間では憎しみこめて語られている。

彼はアメリカ帝国主義のもっとも忠実な「代官」だった。

彼が着任したのは、一九六一年二月十六日であるが、それから三年有余、六四年四月二十一日の退官まで沖縄の最高軍事権力者として県民を専制支配してきたわけである。

一九六一年、それは激動の年だった。六〇年における復帰協の結成、アイク訪沖反対のたたかいの炎がまださめやらない中で、六一年春闘の火ブタが切っておとされた。まず労働者階級が口火を切ったのである。

低賃金と無権利状態から抜けだすために、まずオリエンタル煙草労組、W・W・テーラー労組がストライキに突入した。

農民は、貿易の自由化に反対し、サトウキビ、パイン産業を守るために立ち上がり、トラックデモを組織した。

全県民が生命と安全、生活と権利を守り祖国復帰を実現するために立ち上がり、平和行進を組織し、ナイキ発射、メースB持込み反対、米軍人の殺人、強盗、轢《れき》殺事件などにたいするたたかいなどを取り組み、復帰協を中心に大きく統一戦線の輪を広げていった。

たたかいの中核は、結成されたばかりの全沖労連、全沖農など労働者と農民であった。この労働者・農民を先頭にした県民のたたかいの発展は、米日反動にとって、とくに沖縄の最高権力者であるキャラウェイにとって脅威であると同時に我慢ならないことであったに違いない。

彼の着任を春闘で迎えた沖縄の労働者階級にたいして、彼は弾圧をもってこたえた。

W・W・テーラー労組のストライキ闘争にたいしてキャラウェイは、高等弁務官としてはじめての指令をだし、「ストライキによって在琉米国人企業の生命、財産に危険がおこった場合、弁務官の保護を期待してよろしい。それにこたえるために弁務官室に特別な通訳官と電話を設置する」と約束したのである。

「旋風男」と異名をとったほどのことはある。やることが早い。弁務官自ら大企業と資本の擁護、労働者弾圧の先頭に立つことを公然と表明したわけだ。

つづいて彼は、立法院に乗りこんできて、メッセージをおしつけてきた。同年四月二十一日のことである。当日の立法院は、制服の米軍人とＣＩＣに包囲され、立法院の廊下まで彼らがわがもの顔で歩きまわった。

そして、彼はメッセージのなかで「アメリカが自由諸国のために何をなすかを問わずに、われわれは協力して人間の自由のために何をなすことができるかを問うべきである」とのべた。抽象的な言い方をしているが、これは結局「アメリカは自由諸国防衛のためにやっているのだから、その内容を沖縄県民は問うべきではない。それよりどうすれば米軍に協力し得るかを考え、その答えを出すべきである」ということにつきるのではないか。県民への脅迫である。

盛り上がる県民の反米祖国復帰運動によって沖縄米軍の侵略のための機動性が弱められるのではないか、という危惧が常に彼の脳裏を支配していたのかもしれない。

2　「情勢が変化した」と拒否権乱発

ケネディの新政策が実施されると高等弁務官の拒否権は制限される、自治権は拡大される、県民の生活は安定し福祉も向上していく、と大田任命主席と自由民主党は大宣伝をしていた。

しかし、実際はまったく逆で、キャラウェイの拒否権は制限されるどころか乱発され、自治権は米軍によってがんじがらめにしばりつけられた。

彼がケネディ新政策発表後、はじめて拒否権を使ったのは、発足してまもない上原糸満町政にたいする補助金打切りの圧力をかけてきた。

糸満町はその年に「合併町村には優先的に補助する」という米民政府と大田任命政府の大宣伝のもとで、兼城、糸満、三和、高嶺の四町村を強引に合併させて生まれた町である。この合併で新糸満町の町民は人民党の上原亀一郎氏を町長に選んだ。

これにたいして米軍と大田任命政府は、かつて人民党の瀬長那覇市政に攻撃を加えたように、補助金ストップの布令を公布してきた。具体的には、糸満町の農道改修工事として八本が計画されていたが、二本だけ執行され、残り六本は全部削除されてしまったのである。

上原町長は、この暴挙をさっそく町民に報告し、大挙して政府に押しかけて四本を奪還したが、米民政府は引きつづき攻撃をかけてきた。それは、六二年度琉球政府予算で、糸満町漁港の防波堤工事費として三万九三七五ドル（うち三万五〇〇〇ドルは米民政府補助金）が予算化されていたが、これを糸満町にことわりもなく宮古の平良市にまわそうとしたのである。

しかし平良市は、これに見合う自己資金がないということでことわってしまった。

それにもかかわらず糸満町に返そうとしない。平良市で受入れを拒否されるという失態を演じながら、糸満町への補助を拒否するという米民政府の高官たちの頭の中には、人民党の町長である限り、恩恵を受けるのは町長自身であると思っているのだろうか。まさに町民無視の好見本である。

攻撃はさらにつづいた。琉米文化会館の建設問題である。この建設計画は旧糸満町時代から進められ、文化会館建設期成会の手によって工事契約も結ばれ、整地もすすんでいた。この期成会の会長は町長がなるように規約に明記されていた。

ところが合併によって人民党町長が誕生したとたん前町長は期成会の事務引継ぎを拒否し、工事をストップさせてしまった。

上原町長が事務引継ぎを迫ったところ「人民党町長に引継ぎした場合、弁務官資金（建設資金のうち一万五〇〇〇ドル）をとり上げる。事務引継ぎをやらないようにとアメリカからいわれている」と前会長は答えた。

みずから高等弁務官のさしがねであることを認めたのである。

ところで、キャラウェイの暴政ぶりは人民党や民主勢力にたいするいやがらせだけではなかった。

彼の味方であり、忠実な部下として働いている自由民主党が、立法院に提案した所得税の減税案に圧力を加え、これを流産させてしまった。もともとこの自民党の所得税減税案は、いくらか所得税を引き下げることでタバコ消費税の大幅引き上げを強行しようとするまやかしものだった。

六二年六月二十一日キャラウェイとの事前調整もすんで立法院では内政委員会の審議も終わっていた。

あと二、三日で本会議にかけられ可決されるはずであった。そのとき、突然大田任命主席はニーッ民政官代理から税制手直し案を引っこめてもらいたいという連絡を受けとった。「寝耳に水」の申し入れだった。〝何かの間違いでは〟と半信半疑のまま同日午後弁務官と会見した大田は、弁務官の厳しい申し入れに事の重大さを知った。

弁務官の話の内容というのは「情勢が変わった。沖縄への援助のワクを拡大するためのプライス法が現在米上院の審議で難航している。もし、所得税減税ということがワシントンに伝わると審議は一層難航する。したがって減税案は取り下げよ」ということであった。

しかし自民党としては、自ら発議した議案を取り下げたり、審議未了にすることは筋が通らないばかりか、そうすれば野党の攻撃を受けることは必至だった。

あまり突然なことで善後策はなかなかまとまらなかった。しかし、事態は一方的に急を告げてきた。六月二十二日、この日は法定公休日である。静まりかえった立法院に中央金融公庫と農連関係者が、登院していた自民党議員を訪ねてきて「所得税改正を自民党が強行すれば、米民政府が開金に補助を予定している一〇〇万ドルをストップすると米民政府の係官がいってきているので、所得税改正はぜひやめて貰いたい」と陳情したのである。

事態の進展の早さに自民党議員はびっくりしてしまった。それだけではなかった。翌二十三日になると事態はさらに広がった。富原琉球銀行総裁、宝村開発金融公社総裁がそろって立法院を訪れ「所得税改正をやると開金への三〇〇〇万ドルがストップする」と陳情し、追っかけるように西銘那覇市長からも「二五〇万ドルの那覇市への補助金がストップされる」とそれぞれ所得税改正中止の訴えがなされたのである。

中金一〇〇〇万ドル、開金三〇〇〇万ドル、那覇市二五〇万ドル、合計六五〇〇万ドルの米民政府補助金が所得税改正によって吹き飛んでしまうことになるとさすがに自民党も態度を決めなければならなかった。所得税法案はこうして葬りさられた。

「情勢が変化した」ということだけの理由でキャラウェイは自分の目的を達したのである。彼の大田任命政府と立法院にたいする介入はさらにエスカレートしていった。

同年八月二十四日、彼は大田任命主席に書簡を送り、立法院で可決した公職選挙法を署名公布しない旨命令した。さらに同日、船舶安全法、労働災害補償保険法の一部改正、労働基準法の一部改正などの三法に拒否権を発動した。

わずか一日に四つの民立法が葬り去られたのはこれまでにないことだった。

協同組合法の一部改正、信用保証協会法および医療法も同じ運命となった。

これらの法案のなかには、祖国復帰民主勢力の反対世論を無視し、自民党が数の暴力で強行可決したものも多く含まれていた。キャラウェイは、それがたとえ自分に忠実な自民党の発議した法案であっても気に入らなければ平気でそれを拒否してはばからなかった。

こうして彼は、わずか二ヵ月たらずの間に六二年度補正予算を含む九つの民立法を拒否廃案し、流産させたのである。

ケネディ新政策は、アメリカの軍事目的達成に不必要なものについては「高等弁務官の拒否権は発動しない」「琉球住民の生活の向上と福祉のために援助もふやし、自治権も大幅に拡大する」とまことしやかに宣伝したのはつい最近のことだった。ところが、キャラウェイが身をもって示した拒否権の発動は、ケネディ新政策が真赤なウソであり、イツワリであることを自ら暴露したのである。

3 おまえの金はおれのもの

キャラウェイ暴政のもうひとつの特徴は、金融面からの再編強化を基礎に植民地的収奪と搾取をいっそう強めたことである。

ケネディの新政策にもとづいて提出されたプライス法修正案が米下院軍事委員会で審議中、その聴聞会でエイルズ陸軍次官は「アメリカは、沖縄にきわめて大量の資金を投資しており、この投資は当然保護されなければならない」と証言した。

彼らがいう保護されなければならない国家資本とは、いうまでもなく「琉球銀行」、「開発金融公社」、「水道公社」、「電力公社」などの資本であり、沖縄では普通「民政府一般資金」といわれている。

これらは、すでに知られているように「沖縄の復興」とか「県民を救済する」という美名にかくれてガリオア物資を県民に売りつけ、それを資本化したものである。だから本来、県民に還元されなければならないものである。

ところが、高等弁務官はこれらの「銀行」と「公社」の実権をにぎり、沖縄の金融とエネルギー源をおさえ、搾取と収奪を通じて県民を隷属化しようとしたのである。

それだけではない。「銀行布令」によって、沖縄銀行、相互銀行などいわゆる市中銀行は、その支払い準備金として毎月平均一〇〇〇万ドル以上を積み立てることを義務づけている。その準備金は、アメリカ銀行（BOA）沖縄支店・アメックス（AMEX）に無利子で預けなければならない。

この金はそっくりアメリカ銀行とアメックスが自由に運用できるようになっている。実に露骨な搾取のしかただ。これについては、さすがに買弁的な銀行資本の連中も不満をもっており、準備金率の引き下げを要求した。

ところでキャラウェイは、この収奪体制をさらに強化するために六二年八月三十日に布令三七号「銀行、銀行業務および信用供与」を改悪公布したのである。

それは第一に、アメリカ銀行とアメックスを除くすべての市中銀行の業務、運営、人事、待遇にわたって直接介入できるようにしたものである。

さらに大資本中心の融資の道を開き、金融検査部の権限を拡大し、高等弁務官が露骨に金融支配に乗り出そうとしたものであった。

この改悪のねらいは、再度強調するまでもなく金融支配とアメリカ資本を中心とする産業の系列化である。

布令は公布されたその日から生きもののように動きだす。

西原製糖と農連第一工場は、それぞれ設備資金にあてるために「開金」に融資を申し出た。ところがこの申し出にたいして「お金は貸すが、その代わり両会社の統合を条件とする。これは、キャラウェイ高等弁務官の指令である」と宝村開発金融公社総裁は言ってのけたのである。

つづいてキャラウェイは「金融界の大掃除」と称して金融界支配に乗りだした。金融検査部の強化がそれである。

米民政府は、大田任命主席あてに「あなたが与えられた行政権力を十分に行使しようとしないときは、米高等弁務官キャラウェイ中将が直接、琉球政府主席の権限を行使する」との書簡を送り、主席の権限取り上げを宣言したのである。

最初にやり玉に上がったのは沖縄銀行だった。不良貸出金があるとしてその改善を命令された、第一相互銀行頭取の高良一は、布令で兼職が禁じられているとして辞任し、新しく設けられた会長制で会長に就任したが、米民政府はこれも承認しなかった。

また三和相互銀行頭取の伊礼肇は、「金融検査部の検査の結果、相当額の粉飾預金のあることが指摘され、部下の横領事件など布令違反行為があった」ので責任をとるということで頭取を辞任した。

「刷新」はさらにつづけられた。琉球銀行の正副総裁の辞任である。

六三年五月十六日、琉銀の株主総会に出席したキャラウェイは、総会終了後、富原総裁をはじめ理事役員に「銀行経営の近代化、合理化のための人事若返り」を示唆した。この示唆にもとづいて富原総裁、平尾副総裁、松田総務部長、宮里理事の四名は数日後「人事の若返り刷新が必要」ということで辞任を発表した。まだ任期中（六四年五月まで）の突然の発表であった。利用価値がなくなれば平気で首を切ってしまう、たとえそれが自分が任命した部下であり、今日まで忠実に働いてきた者であっても無表情につき離す帝国主義者の姿、それをまさに体現しているのがケネディの代官キャラウェイであった。

それまで瀬長那覇市政時代、融資凍結などアメリカの弾圧政策に一生懸命尽くしてきた富原総裁をはじめ琉銀幹部たちこそあわれである。

一方、キャラウェイは、アメリカの金融資本の保護育成を推し進めていた。それは、アメックスにたいする修正免許交付である。それまでアメックスは、沖縄の法人および個人との取引きを制限されていた。このわくをはずすために、キャラウェイは、地元の銀行協会、商工会議所などの猛烈な反対を無視し、大田任命主席に圧力を加えて修正免許を交付させたのである。

これによってアメックスは、沖縄における自由な取り引きを獲得したばかりか、アメックスを通じてどんどん外資が導入され、沖縄における米系企業の支配の道を大きく開いたのである。

4 布令の乱発――サンマ事件――

キャラウェイの悪業は、数えあげればきりがない。とくに「布令」の乱発による経済的収奪は、県民の生活を根底から破壊し、どん底におとしいれた。

先にも触れたように、布令三七号（銀行法、相銀法の改悪）や「開金」の権限拡大、金融界の古い買弁グループから新しい買弁グループへの人事の「一刷」によって金融面からの支配を確立した彼は、今度は直接収奪にのりだした。アメリカのドル危機は、当然おこりうる県民の憤激の強さをキャラウェイに考えさせる余裕も与えないほど深刻になっていた。

「サンマ不当課税事件」がそれである。この事件は、玉城ウシさんという鮮魚輸入業者が、サンマは物品税表に記載されていないのに課税するのは不当だとして「一九五八年十一月から六二年三月までの間に政府に納入した輸入冷凍サンマの物品税合計四万六九七八ドル余は誤納金」であるから還付すべきであると訴訟をおこした事件である。

沖縄では、物品税の課税品目および税率も布令で定められているが、このサンマは課税品目に記載されてなかった。玉城さんは、これに気づいて訴訟をおこしたわけである。

玉城さんのこの訴訟は「大衆魚に課税するとはけしからん」、「アメリカよ、きたないことするな」とたちまち多くの県民の支持を受け、露骨な収奪の実態にたいする怒りと生活と権利を守るたたかいとしてもりあがっていった。

これにたいして大田任命主席は「課税表に記載されているのは例示品目であるからサンマ課税は有効である」と主張した。

これにたいして、六四年四月十二日上訴裁判所は、玉城さんの主張を入れ、琉球政府に誤納金の還付を命ずるという判決を下した。

県民は勝利のこの名判決に湧いた。しかし、その喜びもキャラウェイの「伝家の宝刀」の布令で二十四時間もたたずして斬りとばされてしまった。

例のごとく布令の「改正」である。彼は、裁判所の判決を尊重しないばかりか、サンマを課税品目に加えると同時にその他の大衆魚にも新たに一〇パーセントの課税をおこなうことを決定し、さらにこれまでの物品税も有効であったとしたのである。

この「改正」布令の公布は、判決のあった翌十三日である。まさに電光石火の早わざである。真正面から県民に裁かれ、その露骨な収奪の実態を暴露されたので大いにあわて、うろたえたのであろう。

ところが県民は、この「改正」布令にたいしても攻撃を開始した。「第二サンマ事件」といわれている。訴えたのは個人ではなく、琉球漁業株式会社である。大統領行政命令で定められている「住民の自治」は最大に尊重されなければならないという基本理念からいっても、今回の「改正」布令は不当である、と原告は断固として主張した。

「伝家の宝刀」にかみついたわけだ。

県民のたたかいは再び盛り上がり、中央巡回裁判所も原告の主張を認める判決をおこなった。引きつづき琉球政府によって持ちこまれた上訴裁判所においても同様な判決が予想されていた。

これは米軍にとって大変な事態である。「伝家の宝刀」の切れ味が悪くなるというような生やさしいものではない。沖縄における最高軍事権力者の権威が音をたてて引きずり下されようとしているのだ。

なんとしてでも権威は守りぬかねばならない。命令が出された。「裁判移送」命令である。軍隊の最高責任者が「命令」を出す時というのは、戦場であり、戦闘状態にはいる時である。高等弁務官は戦闘状態でなくても、非常事態として受けとめたわけである。

その命令書にはつぎのように書かれている。

「高等弁務官は、現在上訴裁判所で係属中の事件が、合衆国の安全、財産、利益に影響をおよぼす特別重要な事件であることを決定した」と。したがって、この事件の裁判を、琉球政府上訴裁判所から合衆国民政府裁判所に移管せよ、というわけだ。

問答無用とはこのことである。アメリカ的民主主義は「問答無用」式の政治でしか守れなくなったことを自ら示した。このサンマ事件にたいする「裁判移送命令」は、「友利事件」といわれる立法院議員当選無効事件とともに県民の憤激を買い、「裁判移送撤回」闘争として全県民をまきこみ、自治権拡大、「主席」公選要求のたたかいと結合して米軍占領支配を大きくゆさぶり、県民の自治意識を高め、統一行動を前進させていく要因となった。

5　水タンク二個以上は弁務官の許可がいる

このサンマ事件にたいする米軍のやり方は、ドル危機を反映したアメリカ帝国主義の露骨な植民地的収奪の一つの典型である。

ところが、このサンマ事件からわずか十日しかたっていないのに、キャラウェイは、また新たな県民収奪の布令を出してきた。五月十四日に公布された布令五四号「宮古島用水管理局の設立」がそれである。宮古の各市町村の水道事業を全部とりあげて「水」商売をしようというのである。

現在、沖縄の水はその管理と使用運営、水源地を含めてすべて米軍の水道局によって握られている。直接収奪をカムフラージュするために作られた水道公社は、一九七〇年だけで数万ドル余の純益をあげている。

「水」商売はもうかるというが本当にそうだ。

しかし、米軍の「紳士」たちは直接口では「金もうけ」とは言わない。宮古島用水管理局の設立の時は、「水源の保護」という立派な名分をつけた。だが彼らがいかに立派な名分をつけようともその収奪者としての本質は変わらない。

管理局の規則にはつぎのようなものがある。たとえば、第二節第三項には、「本章もしくは本法の規定に基づく場合の他、つぎの各号を行ってはならない」として

(1) いかなる井戸の掘さげ、掘削り
(2) いかなる貯水槽の建設
(3) いかなる泉水の囲いをすること
(4) いかなる貯水槽または泉水からの導水または水の使用
(5) 一般公衆またはその一部に対する水の移動または配分のために水道施設を建設しまたは運営すること
(6) 現在のポンプ施設の増設
(7) 給水事業に従事すること

以上の七項目があげられている。別に説明する必要もないほど明瞭である。

要するに「水」に関することはいっさい手を触れてはならない。

もし、ドラム罐四杯以上のタンクを作ったり、農民がかん漑用の井戸を畑のなかに掘ったりすれば、たちまち一六五ドル以下の罰金または一ヵ月以下の懲役もしくはその両刑が科されることになる。

どこの農村に行っても「ため池」がある。がそのため池から水を引くこともできない。宮古は干ばつの多い島であり、各家庭ともタンクは生活上絶対欠かせない。ところがそれを作ることもできない。

水はすべて管理局の水を使え、というわけだ。まさに水を通じての専制支配であり、収奪である。

「水源の保護」という美名の裏にまた「毒マンジュウ」がかくされていた。しかしその毒マンジュウを食べるのは県民ではなく、キャラウェイ自身であることを県民は彼におしえた。

宮古の住民が水を確保する共闘会議をつくり統一のたたかいをもってこの悪布令を撤廃させたことはいうまでもない。キャラウェイ悪代官の水攻めに統一の力は勝利したのである。

6　自治は神話か

さて、キャラウェイが民主主義の圧殺者として、その専制権力をむきだしてきたのは、なんといっても金門クラブにおける〝自治権神話論〟の演説である。六三年三月五日、金門クラブの月例会の席上だった。

金門クラブとは、アメリカに留学した沖縄の青年たちを中心に作られ、買弁グループの育成とアメリカの思想宣伝の場として利用されている面が強い。

「もし、私達が事実を直視するなら……琉球において自治権はあり得ないという結論に到達するに違いない。現状における自治権は架空のものであり、実在しない。そして、琉球の住民である皆様の自由意志で独立国家となる決定を下さない限り将来においても（自治は）存在しないだろう」とキャラウェイは演説した。

そして、琉球政府は、高等弁務官によってあたえられた権能を忠実に実行するために、もっと能率的な行政力を高めなければならないと叱りつけた。

また、自治権の拡大を要求する県民のたたかいにたいして、「群盲と巨象のたとえ」をもって侮蔑したのである。

話はまるで逆である。県民はすぐれた自治能力をもっている。それを発揮できないのは、高等弁務官の布令、布告、命令による専制政治とそのもとにおける任命「琉球政府主席」があるからではないか。

沖縄県民は、一貫して自治権の拡大を要求し、日本国民の立場からその完全回復のために祖国復帰の実現をめざしてたたかいつづけてきた。それを弾圧し、抑圧したのは米軍占領支配者ではないか。キャラウェイ自身、立法院の権限すら否定し、政治、経済、社会全般にわたって県民の自治を踏みにじった張本人ではなかったか。

この発言こそケネディ「新政策」にもとづくアメリカ帝国主義の軍事的植民地的支配の実態を自ら内外に暴露したものといえよう。

このキャラウェイ発言にたいして県民はすぐ反撃を開始した。「自治は神話ではない。現在、世界のすべての国にとってそれは崇高なる現実の要求である。現代における神話、それは軍事的植民地的支配を恒久化できると夢想するアメリカ帝国主義の沖縄統治そのものである」。県民はいつもユーモアを忘れない。これは、全沖労連春闘総決起大会におけるキャラウェイに対する抗議決議の一節である。

自治が神話でなければ、それは現実に必ず実現できるものである。県民は、キャラウェイの暴言にたいして満身の怒りをこめて抗議するとともに、自らの力で自治を獲得するために〝主席〟公選要求のたたかいに立ち上がっていった。

7　人民党恐怖症

第六回立法院議員選挙がおこなわれたのは、一九六二年十一月だった。立法院選挙は、その前年の暮れにおこなわれた那覇市長選挙における共闘の前進、人民党上原糸満町長の誕生をうけて大きく盛り上がっていた。

この選挙では、社会党の一部右翼幹部の分裂行動のために完全共闘を実現することはできなかったが、「現状固定化をねらうケネディの『新政策』をはねかえし、祖国復帰をかちとろう」をはじめ四つのスローガンをかかげ、革新共闘民主団体会議を結成してたたかった。人民党は、被選挙権を奪われていた私と中石清隆を立候補させたほか七名の党公認を立て、公民権の奪還闘争として全力をあげてたたかった。

本土自民党がはじめて沖縄の選挙に公然とのりだしてきたのに象徴されるように、米日反動の露骨な利益誘導と弾圧、反共、反人民党攻撃は熾烈を極めた。

「瀬長亀次郎は、当選してもどうせ失格だ」とか、キャラウェイが投票日寸前に大田任命主席に送った「重罪または破廉恥罪に処せられたものには被選挙権がないことを定めた布令のあることを忘れるな」というような卑劣な攻撃、選挙妨害が加えられた。しかし、それにもかかわらず、瀬長への得票数は、当選者の得票にあと三票というところまで迫った。

中央選挙管理委員会は、高等弁務官の圧力に屈して瀬長、中石、国吉の三名の人民党公認候補の「失格」を宣言し、二万票あまりを無効にした。

それにしても、瀬長を三票差で「破った」自民党の候補者が選挙法で定められている「選挙区に右選挙の期日まで五年以上本籍を有するかまたは引続き三ヵ月以来住所を有する者」という規定に違反しているにもかかわらず、「当選」を決定したのはおどろきである。まさに、全能の神、独裁者でなければとても出来ない仕業といえよう。

この選挙に加えられた攻撃にもみられるように米軍の人民党・民青同盟恐怖症は予想以上のものである。

支配人「君は、就職申込書十七条A項に所属団体名を書いてないが、これは本当か」
賀数「ほんとうだ」
支配人「君は六一年以降人民党に所属している。君はウソをついているので自分で辞めるか、さもなければわれわれが辞めさせる」
賀数「私が人民党員だという証拠がどこにあるのか、それを見せろ」
支配人「見せることはできない。早くそこを出ていきなさい」
賀数「不当だ。私には働く権利がある」
支配人「就職申込書に君はウソの記述をした場合、辞めさせられてもよいと宣誓している。パスを出しなさい」

賀数朝健さん（当時二十二歳）は、パスの提出を拒否したが、かけつけてきたCIC（陸軍課報部隊）にむりやりにパスを取り上げられ解雇されてしまった。六一年十月のことである。ドル防衛策にもとづく大量解雇と自覚的民主勢力の発展を抑えるためのレッド・パージの前ぶれを告げる賀数さんへの解雇だった。

とくに基地労働者の団結を妨害し、基地機能を維持することが米軍にとって絶対に必要だった。そのために持ち出されたのが「就職申込書」である。これを全基地労働者に提出するよう強要してきた。すでに何年も前から働いている労働者にも、それは、新しい内容を加えた「就職申込書」だったからである。結論から言えばこれは思想調査にほかならなかった。

その内容は、質問形式になっており、一七番目のC、D、Eにはつぎのようなことが書かれている。

C　貴方は、現在または過去において如何なる共産主義団体(沖縄人民党、もしくは琉球人民党)の党員、役員、または雇用員もしくは積極的な支持者として関係したことがありますか。

D　貴方は、一九六二年一月一日以来、沖縄民主青年同盟の一員、または積極的支持者としてこれに加盟し、もしくは関係してきましたか。

E　貴方は、現在までC、Dの団体に類似する、もしくは同一と見なされているような団体の積極的支持者として、もしくは役員として知られている方と交際している人達とつき合ったことがありますか。

驚かないでいただきたい。これは全部原文のままである。露骨すぎるといってもはじまらない。県民の思想の自由と政治活動の自由にたいするむきだしの弾圧である。世界人権宣言、国連憲章の精神などどこか別の宇宙のものかと疑いたくなる。労働者にたいする脅迫状であるこの「就職申込書」は、さらに念入りにつぎのことを労働者に「宣誓」させている。

すなわち、「私がこの願書に記入した事は、十分で且つ真実であり、私の信念と知識を最上につくしたものであり、また、私の信条にかなっていることを証明します」と。そして、保証人の署名まで要求している。

最後に「注意」書きもある。

「もし、貴方が採用されるなら、貴方が記入したすべての事実は貴方の指紋の照合と共に調査の資料となります。この願書に署名する前にもう一度最初から調べ直して、すべての質問にたいして且つ間違いなく答えているかどうか確めて下さい。そうずると貴方が適任者かどうかをすべての事実に基づいて決定することができます。

如何なる質問に対しても虚偽の陳述または不正直な答えをすれば貴方は、琉球列島内の軍施設入域を拒否されるか、もしくは既に貴方が雇用されていたら軍施設にこれ以上近づけないことにより解雇される原因になります。」

賀数さんは、この「注意」書きにひっかかるというわけである。親切に書類の記入方法を教えているのではなく、最初から県民を犯罪者扱いにしている。

沖縄から本土などへ渡航する場合、米軍にとって「好ましくない人物」の時は、例の悪名高い「補助申請書」の提出を命ぜられる。これも思想調査である。私はその提出を拒否したためにに十一年間もパスポートの許可を拒否されてきた。

ところが、この「補助申請書」と違って「就職申込書」は、はっきりと人民党と民青同盟を名ざしにしている。敵意むき出しである。

これまで米軍は、人民党を圧殺するためにさまざまな策動を加えてきた。一九五四年の「防共法」の制定の策動、「共産主義政党調査特別委員会」の設置、「集成刑法」の公布などがある。

しかし、人民党はそのたびに祖国復帰民主勢力と固く団結して「非合法化」の策動を粉砕してきた。しかし、基地権力者は、そう簡単に人民党圧殺の攻撃をやめるわけにはいかない。なぜなら、人民党や民青同盟にたいする攻撃は、同時に基地撤去、米軍撤退、全面祖国復帰を要求する県民大衆への威かくとなり、その闘争を弱め分裂させていく効果をもっているからである。

とくに、この「就職申込書」では、自由労連につながっていた全軍労連（全軍労の前身）の右翼幹部を「反共・反人民党・反民青」ということで巻きこみ、組合の分裂を促進しようとするものであった。「就職申込書」にたいして、右翼幹部は「アメリカ合衆国が共産陣営に対抗して自由主義陣営を守るために沖縄に駐留していることは理解できる。B、C、D、Gについては、軍職場の特殊事情からあえて反対できるものではない」という意見を執行委員会に押しつけた。

敵に魂まで売り渡した右翼幹部は、敵が同胞を弾圧するのに平然と手を貸して恥じない。

8　ケネディの死と反人民党コーラス

人民党を圧殺するための策動は、党創立以来、米日反動と買弁グループによって執ようにつづけられてきた。

いわく、「人民党は共産党だ」「瀬長はかくれ共産党員で国際共産主義の最も悪質な手先」

「テロ殺人集団」「平和の仮面をかぶった暴力破壊集団」等々、思いつくだけの悪罵と中傷をくわえ、なんとか人民党を県民大衆から孤立させようと躍起となってきた。

そのなかでも、ケネディ米大統領の死を利用した人民党攻撃は、その規模と量、政治的陰謀において最大のものであった。

事の起こりは、「ケネディ大統領の死」にさいし、立法院として弔電を打つための各派交渉会を人民党の古堅議員が拒否したことからはじまる。

古堅議員の出席拒否の理由は、ケネディ大統領を暗殺したテロ行為を絶対に認めるものではないが、アメリカ帝国主義の利益を代表し、沖縄県民を含む日本人民をはじめ、世界各地で戦争挑発をおこない、人民を搾取・収奪してきた彼の死に弔意を表することはできない、というものだった。

これは人民の立場に立つ政党の所属議員として当然の態度であった。弔電は結局、自民、社大、社会三党の合意によって打たれた。これは決して「政治的問題ではない」というのが三党の合意だった。

後世の資料になると思うので弔電の全文を書き写しておこう。

「わたしはケネディ大統領の突然の訃報に接し大きな驚きと悲しみを禁じえません。故大統領はその豊かな才能と若さをもって世界を指導してきた政治家であり、その勇気と英知と核時代の平和を求める努力は各国民のひとしく尊敬するところであります。この有能な指導者を失ったことはひとり米国のみならず、全世界のために非常に不幸なことであります。わたしはここに全住民と共にケネディ夫人および米国民に対し甚深なる哀悼の意を表します。琉球政府立法院議長　長嶺秋夫。」

この十一月二十六日、米軍司令部は二一発の弔砲をうち大統領にたいする弔意をささげ、キャラウェイは自ら指揮をとって全県の文化会館に弔意記帳をそなえつけさせた。マスコミは、いっせいに生前のケネディの活躍ぶりを写真入りで特集し、若くして死んでいった「偉大な政治家」「世界の指導者」「普遍的な人類愛」の持ち主であるケネディへの哀悼の意を世界の「著名人」に語らせた。

そして、その片面では「弔電拒否」の人民党攻撃が集中的にやられた。

そのひとつは、道義的にみて人民党の態度は理解できないというもの。あと一つは、大衆の素朴な感情を利用し、「ケネディの死」に弔電を拒否した人民党は、冷酷で非人間的な政党であると宣伝し、「人民党否定」の思想を作りあげ、あわよくば人民党を非合法に追いやろうとする大がかりな政治的陰謀にもとづくものだった。

反人民党の大合唱がはじまった。それは、まるで優れた指揮者でもいるかのように調和した音声を発した。

その共通した特徴は、ケネディを最高の人間像として美化し、ケネディの死に弔意を表さなかった人民党を、非人間的でヒューマニティを喪失した「人でなし集団」として描きだそうとしたことである。

「故ケネディ大統領に沖縄立法院として弔電を送ろうとの案に対し、『その必要はない』との人民党古堅発言に不快感を覚える。『罪をにくんで、人をにくまず』のことわざにもあるように、われわれ人間としての生活はあくまでも時と場合を冷静に判断して行わなければならない。偉大な人物は、どこまでも偉大なのだ。人間の情としてその業績をたたえ、その不幸を悲しむべきではなかろうか。」(『沖縄タイムス』11月30日)

「人民党の今回の態度は全く人間以前の問題であり、あんな奴等が沖縄に住んでいるのかと思うと情無い。」(『琉球新報』11月30日)

『琉球新報』は、社説でこの問題をとりあげ、ソ連が葬送曲を流し、フルシチョフ首相夫妻がモスクワのアメリカ大使館を訪れて「おくやみ」をのべ、仲間われしていたフランスのドゴール大統領はワシントンの国葬に参加したのに、「ケネディ大統領の死を悼まなかったのはひとり中共だけである。そして、沖縄人民党であった」とのべ「死者に弔意を表する心のゆとりもない政党にわれわれはリッゼンとするものを感ずる」と公然と中傷、誹謗した。

これらの攻撃は「人間性」という言葉でアメリカ帝国主義の侵略的本質とその利益を代表するケネディを免罪しようとする巧妙な宣伝と人民党の孤立化をねらったものである。

ケネディの国葬に参加して帰国した池田首相は、「ケネディ大統領の平和にたいする熱望、人類愛に世界全部の人が打たれたし、また打たれるべきだと思う。ケネディの世界平和への熱望と人類愛を受けついで行こう、ケネディについていこうという気分が全米にみなぎっている。わたしもその気持だ。いまは、日米関係など論議すべきときではない。日本国民もまずケネディ前大統領の死について一週間でも十日でも考えるべきだ。」と語り、日本国民もケネディの死を悲しめ、と強要したのである。

池田首相が言うように、沖縄県民を含む日本国民はケネディの死に哀悼の意を表し、悲しまなければならないか。否である。

沖縄は独立した主権国家ではない。日本の領土の一部分である。にもかかわらず、アメリカ帝国主義と日本の反動勢力によって北緯二十七度線から祖国と分断され、アメリカ帝国主義の「反共、アジア侵略」の拠点基地とされてきた。

沖縄県民は、アメリカ帝国主義の軍事的植民地的支配のもとで、日本民族の一員としての尊厳を傷つけられ、いっさいの人間性を否定され、生命と財産、生活と権利は踏みにじられてきた。

沖縄人民党は、このアメリカ帝国主義を沖縄から追い出し、祖国復帰の実現によって人間性の回復をかちとるために一貫して不屈にたたかってきた政党である。古堅議員は、その政党の所属議員である。古堅議員のとった態度こそ真に人間性を重視する行動であったことは言をまつまでもない。

もし、米日反動やマスコミが宣伝したように、ケネディが「普遍的な人類愛」の持ち主であれば、平時としては史上最大の軍事予算を組み世界支配をめざす大軍備計画をすすめ、現実に南ベトナムで細菌兵器をバラまき、これまで育ててきた南ベトナムカイライ政府のゴ・ジンジエム兄弟を殺し、キューバ侵攻を企ててきたことを何と説明するだろう。

青信号下で横断している国場君を轢《れき》殺し、その犯人の米兵に無罪判決を下したアメリカ帝国主義に「正義」を感じ、「豊かな人間性」を感ずるだろうか。

キャラウェイをして、民主主義を圧殺させ、自治権を侵害させたアメリカ帝国主義の代表を「豊かな才能と勇気と英知」の持ち主として尊敬することができるだろうか。

ブルドーザーと銃剣で土地を強奪し、県民を脅して沖縄全島を核基地化していったアメリカ帝国主義にだれが「平和」を感ずるだろうか。石川ジェット機墜落事件、具志川ジェット機墜落事件などをひきおこし、多くの子どもたちを含めて無残にもその生命を奪ったアメリカ帝国主義、六つになる女の子が米兵に強姦されて殺され、草をにぎりしめて死んだ事件など、極悪犯罪の根源であるアメリカ帝国主義の軍事基地、それを推進してきたものにだれが「ヒューマニティ」を感ずるというのか。

沖縄において真に「人間性」を尊重する立場とは何か。

それは、沖縄の主人公は沖縄県民であり、日本の主人公は沖縄県民を含む日本人民である、という立場を守りぬくことである。

米日反動とその手先どもは、ケネディの死を利用して人民党攻撃をおこなってきた。それは、人民党を大衆から孤立させ、非合法下においやろうとすることを、唯一最大の目的とした。

しかし、彼らは、「人間性」の名のもとに、現実を無視した気狂いじみた人民党攻撃によって、自ら「非人間的」であり「ヒューマニティ喪失」した非情な集団であることを暴露してしまった。それはのちに、『ニューヨーク・タイムス』などで暴露された「ベトナム秘密文書」などによっていっそう明らかとなった。

真理と正義は常に人民の側にあり、それは決してゆがめることはできない。

米日反動とその手先によって高らかにかなでられた「反人民党コーラス」も同じことである。だれも歴史の流れにさからうことはできない。

Ⅳ　統一の波――銃剣の前で

1　全沖労連の結成と国際自由労連

全沖縄労働組合連合会（全沖労連）の結成は、アメリカの軍事占領支配のもとにおける低賃金、劣悪な労働条件と人権無視をうちやぶり、全県民とともに祖国復帰を実現しようとする沖縄労働者の階級意識の高まりのなかでかちとられた。

一九六一年六月十七日、新安保条約の一周年の直前である。

結成大会には加盟単組の代表、来賓をあわせて約二〇〇名が参加していた。結成当時の加盟労組は、沖縄交通労組（一四〇〇人）、那覇市職労（九〇〇人）、社会局労組（一二〇〇人）、琉球海運労組（五〇〇人）のほか沖縄タイムス、琉球新報両労組など三〇組合、六七〇〇人の組合員であったが、その後官公労などが加盟決定をおこなうなど次第に全県的な組織として発展していった。

ところで全沖労連の結成に重大な関心をもっていたのは労働者だけではなく、労働者階級がたたかうべき相手である沖縄経営者協会、米民政府、そして国際的な分裂屋国際自由労連などであった。

結成大会に出席して祝辞をのべた団体の代表は阿波根直栄（自民党）、平良良松（社大党）、島袋嘉順（人民党）、宮良寛才（社会党）、ロビンソン自由労連代表、新垣教職員会代表の諸氏であった。

あいさつのなかでロビンソン代表は「沖縄の労働者は決して弾圧されていないとはいえない、その弾圧をのぞくためにみなさんの組織も進むと思うが、自由労連もそのために今後も協力したい」とねこなで声でのべた。しかし、この「協力」も全沖労連が自由労連と米軍の好む方向で進んでいるあいだのことであることが間もなく労働者のたたかいのなかで暴露される。


さて、事態を正しくとらえるために全沖労連が結成されるまでの沖縄の労働運動の流れをふりかえってみよう。

極端ないい方であるが、敗戦直後の沖縄には労働者の集団はいなかったといえよう。世界大戦で島ぐるみ戦場となり、焼きつくされ、破壊しつくされたために、労働者が集団として生まれる産業がなかったのである。

しかし、やがて一九四九年、中国革命が勝利し、アジアにおける民族解放闘争が前進するなかで、日本を反共の拠点にしようとするアメリカの攻撃がおしすすめられ、沖縄の米軍基地の建設が活発に動きはじめた。

本土から基地工事への請負で清水組、松村組、日本道路などがやってきた。そして、集団としての労働者が生まれ、労働争議が相ついで発生するようになった。

労働者のスローガンは「人間らしく働ける労働条件を」であった。

日本道路ストの要求項目のなかに、「雨のもらない宿舎にすること」、「各人に食器とハシを支給すること」、「便所を完備すること」などが上げられていた。タコ部屋制度的なまさに奴隷的な状態におかれていたわけである。賃金の遅配、欠配が平然とやられていた。

したがって闘争もハンガーストライキに訴えるなどギリギリの状態での血みどろのものであった。

当時、立法院議員をしていた私は、労働者の実態調査と激励のため労働者に変装して幾度となく現場にでかけていった。変装しなければ会社側の暴力を受ける危険があったからである。

そして私は、その調査にもとづきながら労働二法を議会に提案した。

たちまちその制定を要求する労働者の反響が生まれて、全県下にひろがっていくなかで、労働組合結成促進協議会を中心とする労働者大会が相ついでひらかれ、立法院を数回にわたって包囲し、院内で奮闘していた私をはじめ野党議員を激励するほどまで高まっていた。

米軍は、このたたかいが基地労働者に広がるのを恐れて妨害した。だが労働者はついにそれをはねのけて、一九五三年九月一日に労働三法の制定をかちとったのである。

この労働三法が制定された日に、カルテックス労組、食糧会社労組などをはじめとする全沖縄労働組合協議会（全沖労）が結成されたのは象徴的である。

この間、人民党が果たした役割はきわめて大きかった。労働三法の制定実現闘争のみならず、五二年五月一日の戦後初のメーデーは人民党那覇支部の主催で開かれたものであり、戦車まで出動した第二回メーデーも人民党が中心となって組織したものであった。

労働三法が制定され、労働組合の組織化と労働運動が発展するのをみて米軍もただちに反撃に移ってきた。

布令一一六号「琉球人被用者に対する労働基準および労働関係法」で基地労働者の労働基本権を奪いとった米軍は、今度は土地闘争の真最中である一九五五年三月に布令一四五号「労働組合の認定手続」を公布したのである。これは、民政官の認可を得て登録しなければ労働法の保護はうけられないばかりでなく、役員を選んだり変更したときには役員名簿を米民政府に提出し、許可を受けなければならないというものである。これは明らかに労働組合の骨抜きと弾圧を意図したものだった。そして労働組合運動の中心となっていた人民党員を弾圧するのが大きな目的だった。

それ以来、沖縄の労働者は、組合を作っては解散させられ、作ってはつぶされるという苦しいたたかいをつづけなければならなかった。

一九五八年四月に起こった沖縄繊維会社の女子労働者のたたかいは、全県民の注目を集めると同時に労働者階級の共闘と連帯を強めた。二十歳未満の女子労働者七〇〇名が労働問題以前の人権問題といわれるほどの劣悪な労働条件、しかも時給四円七五銭という世界にも例のない奴隷的賃金に耐えかねてストライキで立ちあがった。

支援にかけつけた全県の労働者は、沖縄繊維スト支援労働者総決起大会の名で会社側（本土資本）を糾弾すると同時に立法院に最低賃金制の確立を要求した。そして「沖縄繊維の兄弟の勝利の日まで共にたたかい抜くことを誓う」ことを宣言した。

ところが、同年七月に起こったアイランド・エンタープライス社（外資企業）の解雇撤回闘争は、直接米民政府が弾圧にのりだしてきた。

布令一一六号、一四五号にもとづいて出されたバージャ米民政長官の声明がそれである。

「布令一一六号によって設立された労働関係委員会の適当なる法的要求条件に合致するものとして証明されていない限り、雇用者はいかなる個人、団体または組織といかなる形式の団体交渉をおこないまたはそれらを被用者の代表として認めるいかなる義務をも有しない」というのである。労働者の団交権と争議権を真向から否定してきた。

しかし、こうした困難な情勢のなかでも労働者階級を中心とする沖縄県民のたたかいは大きな前進をとげていった。

それは沖縄県原水協の結成、ナイキ発射阻止県民大会、全島縦断平和行進、集成刑法(死刑法)反対の闘争など平和運動、基地撤去闘争、民主主義と人権を守る闘争などと結合して進められていった。

これらの事態の発展は米占領軍をおおいに狼狽させた。

アメリカ帝国主義は、土地闘争が燃えあがっていた一九五六年五月に国際自由労連の調査団を沖縄に送りこんでいる。

これは労働三法の制定以後、農民のたたかいと結合しながら前進してきた労働組合の組織化と運動の発展を恐れ、それを企業の枠のなかにおしこめ、米占領軍とたたかわない方向にもっていくことを目的として来県したものだった。その時の調査団の報告は自らその目的を暴露している。「沖縄における諸条件は自由世界の防衛が沖縄を軍事的支配の優位下に軍事基地として使用することを必要とする限り決して完全な民主的条件が沖縄に実現することはないだろう」と恥しらずにも述べている。

ついで自由労連は、五九年に那覇市に駐在事務所を開設した。連中のあわてぶりが見えるようだった。なぜなら五九年という年は復帰協結成の前年であり、まさに全県的に復帰運動が大きく盛りあがろうとしている時期であった。

東京駐在事務所より二年も早く沖縄那覇事務所を開設したことは、何よりも復帰運動と労働運動が結びつくことを恐れたからであろう。

そして沖縄駐在代表のホワード・T・ロビンソンはさっそく活動を開始した。

まず一部の有力な労働組合幹部を「自由労連諮問委員会」にだきこみ、アメリカ陸軍省の予算でアメリカに派遣したり、反共幹部育成のメッカであるカルカッタの自由労連アジア労働大学に入学させるなどのサービスに努めた。

この反共幹部育成に布令一四五号だけでなく、例のパスポート申請の時に「共産主義者でない」ことを宣誓させる補助申請制度まで使われた。

ところで全沖労連第二回大会の時、自由労連加盟を強行しようとした「諮問委員会」のメンバーは、自由労連が沖縄の「労働者教育」に協力してくれたことを理由に上げている。

とんでもない話だ。何名かが、自由労連アジア労働大学に入学したのは事実である。ところが、このアジア労働大学は、インド政府自身が認めているように、米国中央情報局（CIA）の労働スパイセンターなのだ。国際自由労連のなかの指導組合である米国総同盟産別会議を通じてCIAが五億ドルの資金を送り、それによって労働スパイを養成する「大学」である。

こうして、全沖労連は労働者階級と米民政府および沖縄の買弁的資本の両方から別々の意味で期待されるという複雑な要素を含んで誕生したのである。

しかし、組織に魂を入れるのはその構成員である。労働組合の場合もそれは全く同じであり労働者階級のたたかいこそが組合のすすむべき道を決定する基本的な力である。

全沖労連もまさにその通りであった。初代書記長となった前原穂積は「沖縄の労働運動の場合はなんといっても日本復帰の実現が目標である。労働者は平和のうちに生活向上をさせていくことが基本的な考え方である。その大目標のために沖縄の基地化に反対し、日本復帰のたたかいも強く進めなければならない」と語り、さらに労働組合運動の基本について「一つの政党にかたよったりすることは連合会の崩壊するもとになるものだ。我々はまず全労働者の団結あっての組合でなければならない」と強調した。

生まれたばかりの全沖労連はすぐにたたかいを開始した。前にのべた沖縄の女工哀史といわれた沖縄繊維労組のたたかいは、会社側の分裂策動にくわえて警官隊の出動という困難ななかでたたかわれた。布令一四五号で非認可のままストライキに突入した全沖タクシーのたたかいをはじめ六一年末におこなわれた那覇市と糸満町の首長選挙、二・一決議をめぐる復帰協の諸闘争にも積極的に参加していった。

そして、一九六二年全沖労連は初の統一春闘に突入するまでに前進をとげていった。

三月十六日、全沖労連傘下の一五単組の第一次統一行動として全沖労連春闘第一回総決起大会は、八〇〇〇人の労働者を動員して大きな盛り上がりを示し、画期的な大会となった。この日、西銘反動那覇市政のもとで自治労那覇市職では全組員がハチマキ姿で執務するなど朝から大会気分を盛り上げていた。

大会場から国際通りを経て主席公舎に向かうデモ隊の先頭で全沖労連の司令車は「米日独占資本の低賃金政策とのたたかう大幅賃上げ要求のたたかいは植民地支配とのたたかいである」

と道行く市民に、春闘にたいする支持を訴えていた。

各加盟単組ではすでに全沖労連中央闘争委員会の決定にもとづいて、首里バス労組の二十四時間ストライキを中心に沖織労、紅房労、港湾労、全逓、官公労などが職場大会、年休行使闘争を決定していた。

全沖労連はじめての統一春闘は大きく前進し米日反動とその手先に重大な打撃を与えた。沖縄経営者協会は「掠奪賃金」とわめき、キャラウェイ高等弁務官は、ついに二月八日布令一四五号を廃止すると発表せざるをえなくなった。沖縄の労働者階級に低賃金を押しつけているものと祖国復帰を阻んでいる者がともにアメリカ帝国主義と日本独占資本および沖縄の買弁的資本であることをはっきりと規定した春闘方針で、大きく前進したこの統一春闘は、沖縄の労働運動史上画期的なものとなったわけである。

しかし、これは明らかに自由労連の希望する方向と相反するものであった。

「自由労連諮問委員会」のメンバーはさっそく、分裂策動を開始してきた。

彼等はまず、布令一四五号の廃止は諮問委員会が高等弁務官に提出した要請書によって実現されたものであると主張してきた。

それでは、その要請書には一体どんなことが書かれているのだろうか。

〝われわれ国際自由労連諮問委員会は、自由労連沖縄事務所の全面的協力を得てわれわれの労働組合をさらに一層自治的に運営していけると確信している。われわれはその組合を自由で自主的な方法で管理できるまで成長しており、加盟組合が政党その他の組合員以外のいずれかの要素から支配されることを防ぐために民政官の援助は必要としないことをここで明言する。われわれは加盟組合を世界の自由な労働組合運動（国際自由労連）の目的と政策に沿わせてゆけるという確信をもっている〃というものである。

なんのことはない、アメリカ帝国主義のお墨付きをもらおうというものではないか。この要請書にたいする高等弁務官の声明もふるっている。

いわく〃一四五号撤廃について弁務官室の外部に意見を求めたのであるが、これらの人びとは一四五号の本来の目的使命――組合が新しく結成された場合、その支配が好ましくない人びとによって保持されないようにするため――には、この布令はもはや必要ではないという見解を支持した。労働運動の責任ある指導者も現在ではこの布令がなくとも十分組合を管理する能力をもち、その能力を発揮したいと希望した。労組指導の確信に信頼をおき、私は布令一四五号を廃止する〃というわけである。

アメリカ帝国主義に信頼された労働組合幹部が諮問委員会のメンバーであるわけだ。そして彼らはさっそく、六月にひらかれた第三回中央委員会と第三回大会に自由労連一括加盟を提案してきた。

しかしこの試みは下部組合のつきあげと反対によって失敗した。

ここで特徴的なことは、この諮問委員会のメンバーが、国際自由労連の性格、目的、規約について質問されても答えられなかったということである。

したがって、彼らは、自分たちが所属する単組の組合員にたいして国際自由労連の性格、目的、運動方針を説明しようとせず、組合員の意思も聴こうとしない態度に終始した。組合民主主義はまったく踏みにじられた。労働者は、このように何がなんでも国際自由労連への加盟を強行しようとする右翼幹部の態度に不信の意思を表明した。

ところが諮問委員会のメンバーはこれで分裂策動をあきらめるわけにはいかない。

六三年の春闘は前年にもまして盛り上がっていた。それは沖縄県内における祖国復帰運動の前進だけでなく、タンガニーカ共和国で開かれたアジア・アフリカ人民連帯会議における四・二八国際共同行動の設定に関する決議にみられるように国際的な連帯行動に支えられているだけに大きな展望をもつたたかいとなっていた。

だが、人民のたたかいが大きく高揚する時は同時に敵の攻撃もまた激しさを加えるものである。

「全沖労連に対する人民党の組織介入」という新たな口実、使い古された理由をもちだして自由労連グループは全沖労連の分裂に最後の攻撃をかけてきた。

全沖労連の統一と団結を守ろうとする良心的な人たちの誠実でねばり強い呼びかけにもかかわらず反共右翼幹部は「人民党のひきまわし」をおうむ返しにくりかえし、「水と油があわないのはわかりきったことだ」といって分裂の口実のみを追い探していた。

そして分裂組織の結成準備を急ぎ、ついに一九六四年九月に反共・反人民党という「念願」のスローガンのもとに沖縄県労働組合協議会（県労協）を結成した。

沖縄におけるこうした分裂は、本土における民主運動の分裂と無関係ではなかった。第九回原水禁世界大会がその集中的なあらわれであり、統一を唯一の誇りにしていた沖縄県原水協もその影響を受けたのである。そして沖縄返還運動においても多くの民主勢力の願いに反して沖実委、沖縄連という二つの組織の存在を許す結果となった。

ただいずれの分裂策動も「人民党のひきまわし」「共産党のセクト」なるものを口実におこなわれたという特徴をもっていた。

しかしこれらの策動の口実は、やがて広範な大衆闘争の高まりのなかで分裂を引きおこした勢力の側こそ党利党略とセクトを大衆団体に押しつけてきたことが明らかとなっていった。

2　紙の弾丸

沖縄人民党機関紙『人民』が正式にその発行をかちとった六二年一月十二日、人民党本部の電話は一日中鳴りっぱなしだった。

発行申請して七回も拒否され、一年半余にわたる法廷闘争を通じてついに八回目に許可をかちとったのであるから、党内外の人びとが喜び、感激するのも無理はない。

しかし、それは一政党の機関紙の発行がかちとられた、というだけの喜びや感激ではなかった。いわば、沖縄における言論出版の自由を求める県民のたたかいの「戦旗」をかちとったのにふさわしいものだった。

沖縄における出版活動は、例によって布令で拘束され、許可制になっていた。アメリカ占領軍にとって、沖縄の米軍基地および軍事支配の実態、その秘密を守ることは絶対的条件であった。そのためには、きびしい統制をする必要があり、それは、異様なほど神経質なものだった。

たとえば、『近代女性』という雑誌の発行申請をみてみよう。

種類　月刊雑誌
対象　一般家庭、全島美容室、美容関係学校
内容　美容の知識、化粧品紹介、ほか
主旨　女性の美容の向上の知識と教育のため
発行人　仲本恭善、沖縄警察官、沖縄警察学校卒、土木建築請負業

どう考えてもこの雑誌が、米軍基地の実態を暴露したり、米軍の占領支配を批判し、県民の祖国復帰運動や民主運動を激励するような内容の記事を掲載するとは思えない。

ところが、これにたいして米国民政府軍務中佐、総務部長ケネス・S・ヒッチは、理由も明らかにせず不許可を通告してきた。

六〇年四月二日付の通告だった。

まったく馬鹿げた話である。米軍のやり方は、自ら敵をふやしているようなものだ。それとも、アイク訪沖反対、安保条約改定反対の大闘争が盛り上がってきた時だったので冷静さを失っていたのかもしれない。

『人民』の発行申請が出されたのは、それから四ヵ月後、六〇年七月二十九日だった。人民党は、一九五〇年に党の準機関誌『人民文化』の発行停止の不当弾圧以来、党機関紙をもつことができなかった。

申請を受けた琉球政府は、当初『人民』の発行を許可する意向を示した。ところが、米軍のロボットと化していた大田任命主席は、米軍におうかがいを立てた。

米軍は、ただちにこれを拒否した。『近代女性』の時とちがって『人民』の時にはつぎのような書簡がついてきていた。

1　出版物『人民』についてこれを許可しないように勧告する。

2　a　このような出版物に許可を与えたら報道の自由をはきちがえることは明らかである。報道の自由の基本的概念は、人民がそこに討論の場をもち、それによって政府にたいし意見をのべるということにある。しかしながら、この概念としては、出版は報道について客観的かつ事実に即した取り扱いをなすべきである。

b　『人民』の出版許可申請者の経歴をみると、その出版物はニュースを客観的に取り扱うというよりも、それを曲げ、偏見をもって書き、しかもそれは琉球住民をまどわせ、混乱させるために役立てさせることは明らかである。

c　米民政府は、これまで数回にわたって許可制を必要としない立法をするよう提案してきていることに留意されたい。

高等弁務官に代って
陸軍大佐民政官　　ケネス・S・ヒッチ

報道の機会さえあたえないのに、なぜ「報道の自由をはきちがえるのは明らかである」という判断ができるのか。

許可制を必要としない法律を作れと勧告しながら、なぜ『人民』の不許可を勧告するのか。どうもアメリカのすることはわからない。矛盾にみちている。

このようなものを「はい、そうですか」といってのむわけにはいかない。人民党は、これを法廷闘争に持ち込んだ。

そしてつぎのように主張した。

①許可とは、法律上では一般的に禁止されていることを特定の事項、あるいは人についてのみその禁止を解除することだから、出版の許可制を規定した布令一四四号（集成刑法）は、出版が沖縄では一般的に禁止されていることを前提としている。

したがってこれは、国連憲章、世界人権宣言、日本国憲法にも違反している。

それだけではない。沖縄統治の基本法とされている大統領行政命令十二節「高等弁務官は、第十一節を含むこの命令を実施するに当っては、琉球列島にある人々に対し、民主主義国家の人民が享受している言論、集会、請願、宗教並びに報道の自由、法の定める手続によらない不当な捜索、並びに押収及び生命、自由または財産の剝奪からの保障を含む基本的自由を保障しなければならない」と明記されていることにも違反する。

②また仮りに布令一四四号の許可制の規定を認めるとしても、この布令における許可の権限と責任は琉球政府にあることを軍政府布告第一号改正二十八号で明示化されている。

『人民』の発行問題が法廷に持ち込まれている最中、新たな出版弾圧事件がおこった。沖縄教職員会編による『愛唱歌集』不許可事件である。「法的手続の完成をまたずに出版取付けの手続をし配布した」というのが不許可の理由だった。しかし、実際は、キンカー米民政府教育部長が「『愛唱歌集』には、民族独立行動隊の歌、沖縄を返せ、祖国復帰の歌、がんばろう、きけ万国の労働者、原爆ゆるすまじの歌など、多くの労働歌や政治的意図をもった歌が入っている。これは共産党の歌である。なぜ教員がそんな歌をうたう必要があるのか」と語っているように、その内容が気に食わない、というのが本音だった。

相つぐ不許可事件に県民は怒った。

復帰協は執行委員会でつぎのような声明を発表し、全県民に言論、出版の自由獲得運動に立ち上るよう訴えた。

米国民政府と琉球政府はさきに人民党の機関紙『人民』の出版申請を却下し、官公労、沖青協の出版物にも干渉するなど、出版の自由を著しく制限している。言論、出版の自由は、民主主義の基礎であり、あらゆる自由のなかでも基本的なものとされている。……われわれは『愛唱歌集』と『人民』を直ちに許可し、出版の自由を侵害する布令第一四四号を廃止するよう要求すると共に、全県民をあげて言論、出版の自由を獲得するまであくまで戦い抜くことを声明する。

一九六一年二月十八日

この問題は、本土においても自由人権協会、機関紙協会、共産党など多くの民主勢力がとりあげた結果、沖縄・本土一体となった闘争にまで発展していった。

そしてついに、一九六一年五月四日付で許可せざるを得ないところまで米軍とそのカイライを追いこんだのである。

外での大衆闘争の盛り上がりと呼応して、法廷における『人民』の裁判闘争もつぎつぎと大田任命主席の仮面をはぎとっていった。

中央巡回裁判所で敗れた大田任命主席は、上訴裁判所への上告理由書のなかでついに「琉球政府は、弁務官の補助機関ないし執行機関であり、民政府書簡は超法規的権力の発動としてこれを有効なものとして認めるのが妥当である」と主張し、自らそのロボットぶりを暴露し、弁務官という「虎の威」に泣きついた。しかし、いくら米占領支配下における裁判所といえどもこんなでたらめなことを認めるはずがない。

一九六一年十二月十九日、琉球上訴裁判所はその最終判決で琉球政府の『人民』不許可は違法であるという判決を下したのである。実に第一回の申請から一年半余経っていた。

それは大きな勝利だった。まさに、祖国復帰運動の「戦旗」をかちとったばかりか、沖縄における言論、出版の自由を実現する上で決定的ともいえる勝利だった。県民にとって最もすばらしい「武器」を手にいれたのだ。

一九六二年一月二十三日、創刊号が発行された。一面のトップには「〝人民〟許可かちとる！」の文字が言論、出版の自由を求める人びとの喜びを表わすかのように浮かび、二面、三面には『人民』の性格を物語るかのように農民運動、労働運動に関する記事と基地撤去を要求する県民大会の模様を満載している。

『人民』の題字は、人民党委員長の瀬長亀次郎の筆による、と囲み記事が載っていた。第三号を送りだした編集部は、その編集雑感にこう書いている。

〝人民〟がうまれた。敵も味方も呱々の声をきいた。誰も彼もがきいた。みんなの感情がたかく波うった。〝人民〟の敵は、チクショウ！　と歯ぎしりし、折りあらばしめ殺したいにちがいない。人びとはよろこんだ。実際のはなし〝人民〟の顔をみたとたん、喜びはたとえようがなかった。

その喜びは永久に消えない。それは深く、ひろく、幾重にも大地に張った大木の根をつたわってくる滋養分のように人民の台所から湧いてくる。だから、七回も摘みとられて、ますます強く、八回目の固い氷を突きくだいた。そして、じっさい〝人民〟は飛ぶように売れていった。

『人民』の真価はただちに発揮された。米軍は、人民党に「機関紙を許可することは機関銃をわたすようなものだ」と言っていたが、『人民』はその〝教え〟に応えて「紙の弾丸」をそれこそ機関銃のようにうちまくった。

第二号では、早くも全沖労連はじめての統一春闘の意義を訴え、その成功をかちとるための積極的な宣伝がなされ、農民組合結成の訴えがなされた。

農民のキビ代値上げ闘争の時には、米日独占資本と買弁資本の金もうけのカラクリを科学的に数字を示して分析し、闘争の組織者となり、「全沖縄キビ代値上げ農民協議会」の結成の原動力となった。

また、全沖労連を先頭とする労働者階級のたたかいを励まし、国際自由労連による分裂策動の時には、その実態と本質を暴露すると同時に、分裂反対、統一強化を訴え歴史の証言者としての貴重な記録ともなった。

米軍の野蛮な軍事演習、「基地」公害、米軍と米兵による犯罪など事実にもとづいた報道は、米軍支配者に打撃を与え、基地撤去闘争を大きく盛り上げる役割を果たした。

一九六三年におこった「饒波初江さん事件」の報道は、スクープ記事だった。

嘉手納空軍基地のPXに働いている娘さんが盗みの疑いをかけられ、CID(犯罪調査部隊)に逮捕され、全裸にされて取り調べられ、その屈辱にたえられず石油をかぶって自ら生命を断った。このいたましい事件を最初に報道したのは『人民』だった。

米軍にたいする怒りが高まり、商業新聞も取り上げるなかで大きな社会問題となっていった。

なんとかもみつぶそうと試みた米軍、CIDは『人民』の報道によって逆にその正体を県民の前に暴露されたのである。

これらの報道は、米軍にとってがまんのならないことだった。そして、まるで「弾丸のように」打ちこまれる『人民』という武器の発行をなんとか不能におとしいれようとする卑劣な妨害がくりかえされた。

直接加えられた妨害の最大のものは、印刷所にたいする圧力だった。製版もすんであとは機械にのせて印刷するだけという段階で、ある筋の有力者から「きみたちは、あのような新聞を印刷していたらいいことないぞ」という脅迫をうけ、印刷所は印刷を断ってきた。編集部の人たちは、製版をかかえてあっちこっちの印刷所をかけまわったが敵の手はすでにまわっていた。

このような妨害のなかで、人民党は印刷所の建設を決定し、全党員、全支持者と民主勢力に協力を訴えた。沖縄だけでなく本土にも。

人民が団結すれば「奇跡」を生む。基礎工事から完成までわずか十八日間という驚異的なスピードで工事は完成した。専門家も目を丸くして「奇跡」に感嘆の声をあげた。

いちばんショックを受けたのは、米軍事権力者とその手先だった。工事中も、ＣＩＤが現場をうろつき、いやがらせをつづけた。

「まさか」と思っていたのが、目の前に堂々と完成しているのをみて彼らはコソコソと逃げ去った。

『人民』が人民の友であり、人民のたたかいの有力な武器である限り決して滅びることのないことを事実をもって証明したのだ。

今日、『人民』は発刊以来、五〇〇号をこえた。この五〇〇号をこえる重みのなかには、人民の怒り、苦しみ、たたかい、連帯と団結の叫びがこめられ、アメリカ帝国主義とそれに与《くみ》する日本独占資本、買弁どもを糾弾する人民大衆の力強い行進が深くきざまれている。

3　人殺しの手つだいはごめんだ

ケネディ・ライシャワー路線と国際自由労連、沖縄経営者協会などの直接の指導と支援のもとに全沖労連が分裂させられ、県労協が結成されて以後、沖縄の労働運動は一定の停滞におちいった。

しかし、沖縄の現実のきびしさはいつまでもそれを許さなかった。

アメリカ帝国主義のベトナム侵略戦争の拡大と戦争挑発行動の激化にともなって、沖縄基地をめぐる情勢もあわただしさを増してきた。

在沖縄海兵隊の南ベトナムへの出動、アメリカ帝国主義の「北爆」開始。沖縄での南ベトナム政府軍のゲリラ訓練、台風避難のB52、そのまま沖縄からベトナム解放区へ渡洋爆撃がつぎからつぎへ沖縄を根拠地としておこなわれた。

その影響で、米軍演習中の毒ガスが中学校に流れこみ、米軍人、軍属の犯罪が続発し、投下演習中の米軍機がトレーラーを民家の庭に落下させて少女を圧死させる残酷な事件などが相つぎ、沖縄中が戦場同様となっていった。

そしてついにアメリカ帝国主義は、沖縄県民をベトナム侵略戦争に直接かりだそうとする暴挙までやったのである。

「北爆」が開始された六五年二月七日から数ヵ月しか経たない五月十四日、米軍輸送隊は基地労働者にベトナム行きを強要してきた。その日の午後六時半のことだった。

輸送部隊船舶担当アーネス・E・カールソン少佐は、タグボートLST五三一の乗組員（沖縄船員二三名）に、「五三一はクレンBD五〇一を南ベトナムへ引っぱっていくので、ベトナム行きを一時間以内に決断せよ。もし断われば今後の生活は保障しない」と命令し、解雇で脅してベトナム行きを押しつけてきた。

さらに彼らは、LCU、LCM、Qボート、海上クレーンなど軍港内にある沖縄船員乗組みの全船舶をまわり、「五三一の南ベトナム行き要員が足りないから希望者は一時間以内に申し出よ」とふれてまわった。

労働者が「南ベトナムに行けば、戦争にまきこまれ、生命は全く保障されない」と不安を表明すると、カールソン少佐は「ベトコンはタグボートのような小さい舟は攻撃しない」とうそぶき、なんとか船員たちを納得させようとした。

しかし労働者は「星条旗をかかげた船が攻撃されない保障はない」として即座に命令を拒否した。労働者は、LSTに乗り組んだ日本人船員が爆撃を受け、死傷者を出したことを知っていた。

だがこの事実は、米軍が理由の明らかでないパスポートの申請を基地労働者に強要してきたことと密接に関係しており、ベトナムでの人殺しに沖縄県民をまきこもうとする計画であり、政策であることを示していた。ベトナム侵略基地として安あがりの沖縄で、アメリカ帝国主義は沖縄県民の生命までねらって襲いかかってきたのである。

専制と収奪のもとで貧困と無権利の苦しみを受けている基地労働者と県民は、「クビを切るぞ」と脅せば、なんでもきくと思っているのだろうか。

労働者はただちに反撃を開始した。ベトナム行きを拒否した労働者は、その足で組合本部（全軍労連）に報告、たたかう方針を検討するよう要請した。

その日の晩、緊急執行委員会が開かれ、(1) 安全を保障するというが、ベトナムではどんな命令が出るかわからない、(2) 戦争にまきこまれる危険がある、などを確認し、ベトナム行きを断固拒否する態度を決定、あわせて、乗組員二一名の下船と配置がえ、雇用条件を変えないことを要求することとし、もし、要求が入れられなければストライキでたたかう決意を固めた。

これは、きわめて当然な決定だった。戦場に行くことは殺されに行くことであり、生命を守るためにはベトナム行きを拒否する以外に道はない。

翌十五日、労組と米軍輸送部隊の間に団交がもたれた。米軍側から輸送部隊長ジョンソン大佐、バラード米陸軍民間人事副部長が出席していた。

席上、労組側は執行委員会の決定にもとづいてベトナム行きを断固拒否する態度を表明し、要求を受け入れるよう申し入れた。

これにたいして、ジョンソン大佐は「軍雇用員にベトナム行きを強要したわけではない。希望者を募集したにすぎない。応じなければ解雇するといった事実もない」と答え、わずか一日前の事実を否定した。そして、臆面もなく「このように誤り伝えられたのは、通訳が英語から日本語に訳すときのミスだと思う」と通訳のせいにしてしまった。県民の反撃をおそれた逃げ口上である。結局、労組側はその要求を全面的に米軍に認めさせた。

わずか二日間のたたかいだった。

しかし、この二二名の乗組員の英雄的な行動は、無難丸乗組員のたたかいと共に米日反動に痛撃をあたえ、すべての基地労働者と県民大衆、本土人民のたたかいを激励し、アジアとベトナム人民との連帯を深めるものであった。そして、アメリカ帝国主義の「アジア人同士をたたかわせる政策」の危険な本質を暴露し、戦争と侵略政策の孤立と破綻を深めさせるものであった。

同時に、「ベトナム人民を殺す米軍に手を貸すことはできない」「われわれの生命は、われわれ自身の力で守るのだ」という労働者の自覚はその階級的前進を大きく促した。

4　宮古の農民運動

「豊作貧乏」という言葉は、佐藤内閣が出現してからとくに耳にするようになった言葉のひとつである。「農業構造改善事業」「農産物の貿易自由化」による農民無視の政策が作り出したものだ。

だが、「豊作貧乏」は本土農民だけではなかった。砂糖の貿易自由化によって「豊作貧乏」はたちまち沖縄のキビ作農民の上にも襲いかかってきた。

貿易の自由化で糖価の国際相場が下落した、沖縄の砂糖原料のキビは世界一高いので開放経済下においては競争できないという勝手な理由で、キビ代最低基準をブリックス一八度で一トン当り一四ドル一七セントを決定し、農民におしつけてきたのである。

前年の六四年度は、トン当り平均二四ドルだった。それを一挙に一〇ドルも大幅に値下げしてきた。

生活費を割るどころか大幅な赤字となり、キビを作れば作るほど農民の生活が苦しくなるのは明らかだ。

一方、佐藤内閣は糖業資本にたいしては、「砂糖全量買い上げ」を保障し、会社側が生産奨励金としてトン当り二五セントを原料代から差し引くことを認めるなど露骨な大企業保護政策をうち出した。

さらに、サトウキビのように、しぼれるだけ農民をしぼりあげるために、製糖会社の統合、合併をおしすすめてきた。

これには、米国民政府の金融機関であり、沖縄の産業を支配し、経済の首ねっこを押えている開発金融公社も乗り出し、合併に応じない会社には金を貸さないと脅し、日本の糖業資本と結んで攻撃をかけてきた。

「資本家と農家が一体となって自由化による困難を打開しなければならない」という欺瞞的な宣伝のもとに、米日独占が一体となって農民に襲いかかってきたのである。

六五年のキビ作は、史上最高といわれるほど豊作だった。だが豊作だ、と喜んだのもつかの間、キビ代の大幅値下げで農民は苦境のどん底におとしいれられた。

キビ代の暴落だけではなかった。製糖工場の処理能力が追いつかず製糖期が延び、そのために刈り出しがおくれてブリックスが低下し、ねずみの被害、立ち枯れなどが続出し、農民に二重の犠牲がしわよせされてきた。製糖工場の処理能力を知っていながら、増産運動を鳴り物入りで進めてきた琉球政府主席の政治責任も問われなければならない。

質の低下したサトウキビは、最低基準の一四ドルを大幅に下まわって会社側に買いたたかれていった。会社と「政府」がしめしあわせた「増産運動」ではなかったのか、と農民は疑惑の念を抱き、怒りの声をあげた。

宮古の農民の九〇パーセント以上は換金作物のサトウキビによって生活を支えていた。ところが、そのキビでは生活できなくなった。たちまち生活は破壊され、沖縄本島へ出稼ぎに行く農民がふえていった。

そこへ持ち込まれてきたのが、宮古製糖、伊良部《いらぶ》製糖、宮多製糖の三社の合併問題である。大阪製糖系の宮古製糖を中心に吸収合併しようというわけだ。

三社とも開発金融公社から金を借りていた。その日米独占から三社を合併せよ、という至上命令が出された。三社とも貿易の自由化に対処するため、といっているが、キビ買入れの窓口を一本にして、農民のキビを買いたたき、会社の経営を合理化して今以上に莫大な利益を上げようとしていることは明らかだ。

農民は怒った。苦労して、必死の思いでキビ作を守ってきた農民は、三社の合併が何を意味するか見抜いていた。

「合理化」のための合併反対だけでなく、キビ代値下げ反対、これまで不当に収奪されたキビ代を返せ、という積極的な要求をかかげてたたかいに立ち上がった。

全沖農宮古地区協議会に続々と農民は結集していった。そして、宮古製糖との間に六月十四日、二十一、二十二日の三回にわたって、宮古全島からつめかけた二〇〇〇人の農民が見守るなかで、それぞれ八時間余にわたる団交がおこなわれた。しかし、会社側は一貫して不誠実な態度をとり、糖価の決定は政府の勧告によるものである、と責任を回避しようとした。

しかし、キビ原料代から奨励金としてトン当り二五セント差し引いたことは事実であり、処理能力を知りながら農民に増産をあおり、今度また「合理化」のための合併を強行しようとしていることは明らかである。その責任をとれ、と農民代表は鋭く詰め寄った。

だが会社側は、これにまじめに答えようとせず二十二日、一方的に団交を打ち切った。

この間、宮古製糖の真喜屋社長は病気と称してホテルに閉じこもっていた。

会社側の一方的な団交打ち切りにたいして農民側は「次回の団交の日取りを真喜屋社長自身が約束しない限り徹夜でも続行する」と要求、ついにホテルから姿を見せざるをえなくなった真喜屋社長と二十三日に団交することを約束させた。

だが二十三日の団交においても会社側は誠意を示さず「気に入らなければ裁判で争ってもよい」と挑発的な高姿勢をとり、答弁につまると琉球政府の責任にしてしまった。

午前十時過ぎからはじまった団交は、午後六時近くになっても進展をみせず、「交渉はこれで打ち切りだ」という会社側の一方的な宣言で決裂、私服と警官隊に守られて真喜屋社長と会社側は逃げてしまった。

この日の団交には、最初から一〇名ほどの私服が団交の会場にはいりこみ、メモをとったり、写真をとったりするなど公然と挑発をかけてきていた。六時過ぎ、会社側が一方的に団交打ち切りを宣言した時、怒りを爆発させて会社側役員をとり囲み「農民を見殺しにするのか」といっていっせいにつめよった農民代表に四〇人余りの警官隊が私服も含めて襲いかかり、真喜屋社長らを連れ去ったのであった。

農民の団交に警官隊が出動したのは初めてのことだった。

なか一日おいて、六月二十五日はいよいよ合併を協議するための宮古製糖の臨時株主総会である。

全沖農宮古地区協議会は、同日あさ十一時過ぎから総会の開かれる宮古製糖城辺工場の構内に結集をはじめた。ただちに決起大会が開かれ、合併反対の決議と共に「警察の不当介入に対する抗議決議」が採択され、最後まで合併に反対することを確認し、総会場入口にピケを張り、全農民の決起を呼びかけた。

農民の総決起におそれをなしたのか、定刻の二時になっても会社側は姿を現わさない。ようやく姿を現わしたのは定刻から二時間余りたった午後四時半頃だった。しかも、警備員と称する暴力団風の男たちに護衛されて。だが株主総会の出席者はわずか一〇〇名ほどであった。結局、株主過半数による合併のための「特別決議」はできず「仮決議」にとどまらざるを得なかった。

この場合、商法にもとづいて「三十日以内に総会を開いてその認否」を問わなければならない。安心はできないが、農民の側に勝利への展望がひらけてきた。

この日の臨時総会には、三回にわたる団交で誠意を示さない会社側の態度に怒った農民数千人が結集していた。

警官隊は、挑発のスキをうかがっていた。ちょうど総会がすんで、真喜屋社長以下の重役陣が裏口から逃げるように立ち去ろうとした時、農民に見つかってとり囲まれた。

待機していた警官隊は、待っていましたとばかり襲いかかり、社長らを逃がすとともに道交法違反で農民一人を逮捕した。

農民は、その場で抗議大会をひらき、二十数名の代表が警察まで抗議に行くことを決定した。

一方、警察側は、数千名の農民が大挙して抗議にくると思ったのか、平良市消防隊に応援を頼んでいた。しかし、消防隊は、自分たちが出る幕ではない、といってこれをことわってしまった。

しかも、農民の抗議をおそれて、抗議団が到着する前に逮捕した農民を釈放していた。しかし、これで安心することはできない。

全沖農は、いっそう警戒心を強めると同時に、さらに広範な農民と郡民に問題の本質を知らせ、闘争への参加を呼びかけることにした。商法で定められた三十日間に大きなヤマ場が必ずくることを肝に銘じつつ……。

七月二十四日、仮決議をしてからちょうど三十日目、合併の成否を決めるギリギリの日である。

仮決議が強行されてからその日まで三十日間、全沖農を中心とする農民はねばり強くたたかいを広げていった。

官公労、全逓、自治労を中心とする宮古地区労との共同闘争を強め、労農共闘会議も結成された。宮古市町村会、議長会、農協長会も農民の側につき、全沖農を含めて合併阻止の四者協議会も結成された。

当時宮古群島の人口が七万二〇〇〇余人。そのうち農家人口は七六パーセントにあたる五万五〇〇〇人。その九〇パーセントがサトウキビの生産で生活を支えていることからみて、広範な層の結集はある意味では当然であったと同時に、合併問題に象徴される日米独占資本とその手先による農民無視のキビ政策は、宮古郡民の命運を左右する重大な問題であった。

農民は、着実に合併阻止の態勢を固めていった。七月二十日に琉球政府と立法院に三〇名の陳情団を送り出すとともに、平良中学校校庭で「キビ代獲得、製糖工場合併阻止宮古郡民大会」を開いた。たたかいの前進を反映して、全島から八〇〇〇人の農民、労働者、郡民大衆が結集していた。

そして、総会前日、同じく郡民大会が開かれ具体的な闘争方針が決定・確認され、大会参加者はそのまま総会場予定の宮古琉映館、宮古沖映館前に坐り込みをはじめた。

会社側は、株主総数が四五五七名であるにもかかわらず、二つの映画館で一一三一名しか収容できない会場を一方的に決定していた。過半数どころか四分の一しか入場できない。会社側の息のかかった株主だけで「特別決議」を強行しようとの魂胆だ。

四者協議会は、この陰謀にたいしてただちに会場変更を要求するとともに、警察にたいしても、このまま強行すると不測の事態が起こるおそれがあるから会場を変更させるように申し入れた。

だが、この誠意ある申し入れは両者から拒否された。宮古警察署にいたっては「その場になってみないとわからない」と無責任な態度を示した。これは弾圧の構えである。

二十三日の夜が明けると前夜からの泊り組三〇〇〇名も含めて四者協議会に結集する農民、労働者、勤労県民の数はふくれ上がり、ついに一万人を越した。

映画館のまわりはぎっしりととりかこまれ、屋根にまであふれる統一の波の高まり。商店街の人びとがお茶やお菓子を出して激励するが、数が多くてきりがない。

総会は、午前九時から始まることになっていたが開会される様子もない。前の晩から会場である当の琉映館で泊っているはずの真喜屋社長、重役陣の顔も見えない。

万余と集まった郡民におそれをなしたにちがいない。いざ、となると資本家どもは臆病者だ。その臆病者が、ようやく十時四十分頃、全沖農代表に会いたいと申し入れてきた。その結果、四者協議会の代表と会って話し合うことが決まった。大衆はこの決定を喜び、話し合いによって事態が進展することを期待し、会場にはいる代表を拍手で送った。

その直後、警官隊が襲いかかってきた。全く突然である。静かに話し合いのなりゆきを見守るつもりでいた農民と大衆は、この警官隊の突然の暴力に怒りを爆発させた。

前にも団交に介入してきた警官隊によって話し合いをぶち壊された経験をもつ農民の怒りは天に達し、警官隊をとり囲むとじりじりと映画館の入口に追い込んでいった。

警察本部から送りこまれた七〇名の警官隊は、たちまち農民の怒りの炎に包まれてしまった。まっ青になってガタガタふるえだす者、緊張し過ぎて身体の自由がきかない者、完全に落着きを失ってしまった。

その時、一人の警官が警棒で映画館入口のガラス戸をたたき割って中へとびこんだ。それが合図であったかのように、七〇名の警官隊はわれ先にとびこんだ。その時、自分たちで割ったガラスの破片で手や顔、足にケガをしてしまった。

警官隊は、幹部も含めて自ら映画館の中にとじこもってしまったのである。これに驚いたのは会社側である。

ワトソン高等弁務官の命令で、米軍輸送機で鉄カブト、カービン銃、ピストルで完全武装した警官隊一五〇名が沖縄本島から急派されてきたので、彼らは、暴力で容易に農民を弾圧できると思っていた。ところが事態は全く逆になり、警官隊そのものが映画館のなかにとじこめられてしまったのだ。

会社側は観念する以外になかった。

午後二時頃、真喜屋社長は全沖農代表らを呼び、宮古警察名嘉山署長立ち合いのもとに「この事態になった以上株主総会はとりやめる、合併もとりやめるから事態を収拾してもらいたい」と申し入れてきた。

「口先だけでは信用できん、文書で合併とりやめの誓約書を書け」と代表の要求で誓約書がしたためられた。

その誓約書をもって代表が「合併は中止になった。その誓約書がここにある」と報告すると場外の大衆は歓声と拍手で勝利を確認した。

だが農民は、何回も会社側に裏切られているので警戒心をゆるめない。

「判がおしてない。判をおさせろ」とだれかが叫んだ。「そうだ、おさせろ」と全員が要求する。

代表が真喜屋社長に誓約書をさし出して
「判をおして下さい」

「判は持っておらん」

「ならば母印で構わん」

最後まで逃げようとする。しかし、逃がすわけにいかん。印肉がない、というのでだれかが「ここにあるぞう」と叫んで指をさした。警官隊があわてて映画館に逃げこむ時にガラスの破片で傷を負った時の血である。

結局、真喜屋社長は、自分たちを守ってくれるはずだった警官隊の切り傷の血で文字通り血判をおす破目になってしまったのである。警官隊は、その頃裏口から退避していた。この瞬間、農民は大きな勝利をかちとったのである。農民は勝利の大会をひらいた。長いたたかいであっただけに勝利の喜びはひとしおだった。

ベトナム行きの米軍輸送機をさいて、しかもカービン銃までかりて弾圧にのり出してきた米日独占とその手先どもの策動は、全沖農に結集する農民を中心に宮古郡民の統一闘争の前に見事に粉砕されたのである。

宮古農民のこの英雄的なたたかいは、昆布、伊江島の土地闘争をはじめ、沖縄本島の農民運動の大きなはげましとなった。そして、八月十九日佐藤訪沖をむかえうつ祖国復帰民主勢力の統一実現の先がけとなり、本土人民との共闘、連帯を前進させる素晴しい要因となった。

5　凶悪犯人をひきわたせ——ひろがるヤンキー・ゴーホーム

一九七〇年十二月二十日未明、コザ市で一万人にもおよぶ県民が米軍へのはげしい怒りを爆発させたいわゆる「コザ事件」がおこった。

事件の発端は、ＭＰの交通事故の一方的な処理によるものであった。しかし、それは単なる交通事故ではなかった。

「糸満の二の舞いをふむな」「アメリカは、もう許さんぞ」と叫ぶ人びとの脳裏には、金城さん轢殺事件にたいする米軍の横暴な態度がよぎっていた。

集まってきた人びとを追い散らそうとＭＰが発砲した。これは人びとの怒りに油をそそぐようなものだった。

「ここはベトナムじゃないぞ」「撃ちゃがったな、もう許さん」「さぁ撃て、そのかわりきみらもみな殺してやる」と群衆は武装したＭＰに胸を張ってせまっていく。

「こんどこそ佐藤に思いしらせてやる」と叫びながらＭＰに投石する人もいる。

私は衆議院沖縄特別委でこの問題をとりあげ、「いま沖縄県民は、鉄をも溶かさんばかりの怒りに燃え上がっている。これはアメリカ帝国主義の全面占領支配下のもとで二十五年間、耐えがたい苦しみと屈辱を受けてきた県民の怒りであり、核も基地も米軍もいない全面返還を要求する百万同胞の意志をあらわしたものである。政府は、『コザ事件』にあらわれた沖縄県民の要求を全面的にくみ上げ、真の返還協定を結ぶべきである」と佐藤内閣を追及した。

まさにうっ積した腹の底からの怒りを一気に爆発させたのが、このコザ事件であった。

「共産主義者は人間ではない。共産主義者を掃除するよう私は軍隊で教育された」。この言葉は、ソンミ村虐殺事件犯人ミード軍曹の軍事法廷における証言である。沖縄における米侵略軍の冷酷きわまる凶悪犯罪はこのようなおそるべき思想と深くむすびついている。

米軍と、その軍属による沖縄県民への犯罪を思うたびにこみ上げる怒りをおさえることができない。人権無視とかんたんにかたづけられるものではない。殺され、傷つけられ、はずかしめられ、まるで虫けら同然にあつかわれてきた県民の血と涙と怒りでつづった歴史がそこにはある。

多くの場合、事件が発生しても米軍は自ら頭を下げて県民に謝罪するということはなかった。逆に被害者である県民に責任をおしつけるということを平然とやってきた。

由美子ちゃん事件　　六歳の少女を米軍が暴行、殺害した事件（一九五五年）

与那嶺悦子さん事件　　スクラップ拾いをして射殺された事件（一九五六年）

宮森小学校ジェット機墜落事件　　死傷者一〇〇人以上（一九五九年）

後蔵根カツさん事件　「猪と間違えたんだ」と射殺した金武村での事件（同五九年）、
同じく老農夫を「小鳥と思った」と射ち殺した事件

このように五〇年代においても数えあげればきりがないほどである。その多くは「殺され損」であり、たとえ補償があっても「射殺代金」として六〇〇ドルという涙金程度のものであった。

スクラップ拾いの最中に射殺された婦人などは、立入禁止区域内にはいったから責任は被害者の方にある、と米軍は言い張っていた。

六〇年代にはいると米軍関係の犯罪はますますふえていった。

一九六一年九月　米下士官が乗用車で少女四人をひき逃げ、死傷者出す。
十二月　具志川村にジェット機墜落　死亡二、重傷四、家屋三棟全焼。
一九六二年十二月　嘉手納村に米軍輸送機墜落　死亡七、重軽傷八人を出す。
一九六三年二月　演習帰りの米軍トラックが横断中の中学三年生を轢殺。
一九六四年八月　北谷村で潮干狩り中の県民が米軍の流弾に当たり死亡。
一九六五年四月　コザ市で米兵が民家に爆弾を投げ込み二戸に被害。
六月　投下演習中の米軍機が読谷村の民家の庭にトレーラーを落とし小学五年の少女が圧死（隆子ちゃん事件）。
一九六六年五月　米軍の大型ジェット空中給油機が嘉手納基地近くで墜落、乗用車で走行中の村民一人が焼け死ぬ。
一九六七年十月　嘉手納村における燃える井戸水事件。
一九六八年三月　米軍施設内でメイド渡慶次菊子さん殺害さる（迷宮入り）。
一九六九年二月　コザ市で米軍人によるホステス殺し。
一九七〇年五月　下校中の女子高校生米兵に襲われ重傷（女子高校生刺傷事件）。
　　　　九月　糸満町金城トヨさん、酒気運転の乗用車に轢殺さる。

以上あげた事実は、それこそごく一部分で氷山の一角にすぎない。六〇年以降、琉球政府警察局が発表した資料によっても毎年平均千件以上の米軍人軍属による犯罪が発生している。もちろんこれは、表にでたものだけであり、報復をおそれて泣きねいりしたり、もみ消されたりしたのも含めるとその何十倍になるのか推測すらつかない。

ことあるたびに、米日反動とその手先どもは、米軍基地があるから沖縄はこのように繁栄し、県民の生活は安定してきたのだ、と米軍基地の「恩恵」を宣伝してきた。しかし事実は、この米軍基地が戦争の根源であると同時に、沖縄県民の生命と安全をおびやかし、人権をはずかしめる悪魔の巣であることを物語っている。

事件発生件数だけでなく、被害者にたいする米軍の補償額は、沖縄県民を虫けら同然にしか見てないことをよく示している。

たとえば、一九五九年六月三十日に発生した石川市宮森小学校のジェット機墜落事件である。昼食中の児童一七名が死亡、一七六名が重軽傷、家屋十数棟が全半焼するというこの悲惨な事故にたいして、被災者は総額八三万六一九一ドル六四セントを請求した。ところが、米軍が支払った賠償額は、総額一一万九〇六六ドル三三セントにすぎなかった。

要求額のわずか七分の一である。このなかには、傷の手当て代としてわずか五ドルしか支払われなかった人もいる。しかも、この賠償金も被災者を中心とする賠償促進協議会がつくられ、本土の民主勢力の協力も得て、ようやく一年目に米軍がいやいやながら支払ったのである。

ところで、一九六五年六月十一日に発生した米軍の投下演習による棚原《たなばら》隆子ちゃんの圧殺事件の場合はどうか。

遺族の八五二三ドル七九セントの請求にたいして米軍の支払い額は、四七八五ドル七六セントだった。石川市のジェット機事件に比べて確かに金額は高くなっている。これは米軍にたいする県民の怒り、民主勢力の抗議行動などの発展により、米軍がいくらか譲歩したものである。だが、人命は金に換えられないし、事件のむごたらしさからみてきわめて低額である。

もう一つは、一九六三年三月二十八日に発生した米軍トラックによる中学二年生国場秀夫君の轢殺事件である。

遺族の請求額一万二九三八ドル五二セントにたいしてわずかに三二三三ドルという少額だった。

この事件でも、県民のはげしい抗議行動が起こった。にもかかわらず米軍事法廷は犯人に無罪判決を言い渡した。犯人みずから事故の責任を感じ、遺族に謝りにきているのに米軍は「このようなささいな事件でいちいち兵士を罰すると合衆国軍隊の士気にかかわる」という理由で無罪判決を下したのである。無罪だから賠償金を払う必要はない。しかし死亡したのは事実だから見舞い金を出そうというわけだ。

まさにアメリカ帝国主義の本性をさらけだしたものである。黒を白といいくるめ、人間の生命を品物を値切るのと同じ方法で県民におしつけてくる。そして、賠償が少ない、判決に不服だといって県民が米国政府機関を相手どって訴訟をおこそうとすれば、大統領行政命令や布令、布告でその権利を封じてしまう。

沖縄県民にとってまさに殺され損、なぐられ損、傷つけられ損、はずかしめられ損というまさに屈辱そのものである。

しかし、県民はいつまでも屈辱に耐えてはいない。屈辱に耐えるということは、自ら人間の資格を放棄することにもひとしいからである。

米兵による女子高校生刺傷事件が発生したのは、一九七〇年五月三十日午後一時頃であった。具志川市上江洲は、一面サトウキビ畑にかこまれ、沖縄ではどこでも見受けられるのどかな農村である。五月のやわらかい風がサトウキビの葉をそよがしている風景は平和そのものであり、そこが残虐な米兵による女子高校生の刺傷現場になったとは想像もできない。

その日、前原高校一年生のS子さんは試験を終わっての帰りだった。自宅まであとわずか一〇〇メートルの所だった。そこで彼女は、突然物陰からとび出してきた米兵に襲われ、腹部に三ヵ所と後頭部にナイフを刺されて重傷を負ったのである。

腸がとび出し、全身血まみれになって発見された時は人相もよくわからないほどの重傷だった。発見が遅れればとりかえしのつかない事態になっていただろう。

犯人は、犯行現場から出てくるところを目撃され、上江洲部落に追跡されるや同部落近くの第一六心理作戦中隊の基地内に逃げこんでしまった。

白昼みさかいもなく、しかも被害者の自宅からわずか一〇〇メートルしか離れてない所で発生したこの事件は、その残虐行為とともに県民にはげしいショックを与え、大きな怒りをまきおこした。

「もう米兵の顔をみるのもいやです。一日も早く米兵はぜんぶ沖縄から去ってほしい。この子が歯をくいしばってたたかったから親子再会することができたが、もし死体となっていた場合、どうなっていたのでしょう。〝私は生きて帰れるとは思わなかったよ、かあちゃん、私最後の覚悟をして舌をかもうとしていたよ、かあちゃん〟と娘が語ったとき、私はほんとうになぐさめの言葉もでませんでした」と怒りに体をふるわせて語る母親。

前原高校生徒会は、胸の底からわきおこる怒りを結集して全校生徒参加のもとに抗議集会がひらかれ、どしゃぶりの雨の中を「犯人をすぐ逮捕せよ」「米軍はかえれ」「基地を撤去せよ」と叫んで、基地に向けてデモを敢行した。

復帰協は、S子さんの通学している前原高校校庭で「女子高校生刺傷事件等米兵による凶悪犯罪に抗議し、横暴な軍政を糾弾する県民大会」を開催した。

大会には、前原高校生をはじめ、県下から自主的にかけつけてきた高校生三〇〇〇人を含め、一万二〇〇〇名が結集していた。

「鬼畜におとる残虐行為、戦場の狂気をむき出しにした野獣のような極悪非道な行為」と各代表は米軍を糾弾した。

前原高校砂川校長は「米軍は一般将兵からランパート高等弁務官まで狂っている」と憤りをぶちまけ、「S子さんの必死の抵抗をムダにしないために、一時的な怒りの爆発に終わらせず問題の本質をみきわめ、団結をかためてたたかいぬこう」と前原高校生徒会代表座間味君は訴えた。

立法院議員であった私の要求でひらかれた軍関係特別委員会もこの問題をとりあげ、本会議に提案、「県民は怒りにもえ、米軍の駐留にたいし、つよい不満の意を表わしている」との決議を全会一致で採択した。自民党議員も含めて事実上米軍の沖縄駐留反対の意志を表明したのである。

事件発生直後、被害者を病院に見舞った私は県民大会で、その時のいたいたしいS子さんのようすを伝え、つぎのように話した。

「……このような小柄な女の子が、あの血にうえた狼になっている米兵に〝死んでも屈しない〟という不屈の意気で、女性としての操を守るためにたたかった。このことを知ったとき、実に教えられるものがありました。

米軍人は武器を持っております。S子さんは身に寸鉄をおびないで、吹けば飛ぶような体で、米兵に立ち向かってさいごのさいごまで操を守りとおしたというこの闘魂、われわれは、教訓として受けとめなければなりません。これは、一人でもからだをはってたたかうならば、自分の身を守ることができることを教えています。

沖縄県民が団結し統一を組むならば、いままでできないと思われていることでも必ずできるんだということをS子さんの決死の抵抗はわれわれに教えています。」

一方、犯人が逃げこんだ第一六心理作戦部隊は、「犯人をわたせ」と抗議にきた区民や民主団体の代表にたいして、軍用犬をけしかけたり、車を暴走させりたして挑発した。

また多数の目撃者が一致して犯人について証言したにもかかわらず「証拠不十分」で逮捕をおこたるどころか、クラーク米民政府渉外官は、「この種の事件六件のうち米兵事件はたった二件」などと暴言をはき、大した事件ではないという態度をとった。

しかし、ますます高まる県民の抗議と怒りの行動にたえきれず、米軍はついに六月四日犯人を逮捕したのである。

九月中旬とはいえ沖縄はまだ暑い。とくに戦後初の国政参加選挙を目前に控えていることもあって全県が熱気に溢れていた。

ちょうどその頃、またしても米兵によって婦人が轢殺されるという事件が発生した。しかも連続して二件だ。九月十八日だった。

第一の事件は、その日の午後十時頃、糸満町の三号線で、那覇航空隊（海軍）所属のトミー・L・ワード二等兵（二十六歳）が酔っぱらって運転する乗用車が暴走して、通行中の金城トヨさん（五十四歳）をひき殺した事件である。

犯人の米兵は、酒を飲んだうえ一五マイル地点を時速六〇マイルで暴走し、金城トヨさんを二〇メートルあまりはねとばし、電柱にぶっつけ、さらに腹部をおしつぶして内臓を破裂させたのである。

第二の事件は、これより少し前の午後九時十五分頃、隣村の豊見城村の同じ一三号線上で道路を横切ろうとした同村の高良カマさん（七十六歳）を、オートバイで走行中の米兵ソーホード・ウォルター（二十一歳）がはねとばし、約一三メートルもひきずり、高良さんは病院に運ばれる途中で死亡するという事件である。

犯人のウォルターは、那覇航空隊所属だった。

糸満町での金城トヨさん轢殺事件では、事件発生とともに憤激した町民がぞくぞく事故現場にかけつけてきた。

集まった町民は、糸満署とMPが現場にやってきて事故車をレッカーでひきあげ、片づけようとしたので「犯人の責任も、賠償の問題もひとつも解決しないまま、車だけ片づけようとするのは証拠いんめつだ。事故車の撤去は絶対許さない」と怒りの声をあげ、これを実力で阻止した。

町民の怒りと抗議の声に警官とMPは、その日に事故車を撤去するのはあきらめたが、翌十九日にまたやってきて「保管は君たちが責任をもつのか」と脅してなんとか事故車を引きあげようとした。

町民は、警官とMPの執ような事故車撤去の要求を拒否すると同時に、約一〇〇人が事故車のある反対側の道路にテントを張って監視態勢をつくった。

これではさすがの警察もMPも事故車の撤去を断念せざるをえない。事故車のまわりには、憤りの感情そのままにポスターが張られた。

「町民のみなさん、米人車はカーブにもかかわらず百キロ以上の暴走で尊い生命をうばった。米軍人の無謀運転を許すな。二度と無罪にするな。裁判は民にうつせ。」

別のポスターには、

「この現実を見よ、今こそ県民はたちあがれ、米軍は沖縄婦人の生命をうばっている。米軍は証拠いんめつのために車を持ち出そうとしたが町民はこれを阻止した」と書かれ、通る人びとに痛烈に訴えていた。

この町民の怒りは、糸満町内の人民党、社会党、労働組合、教職員会、民青、新婦人などによる「金城さん轢殺事件糾弾協議会」の結成となった。そしてただちに行動を開始した。まず十九日の午後、犯人ワードの所属する那覇航空隊のブラウン司令官を警察を通じて呼び出し、つぎの要求をつきつけた。

①加害者の所属する部隊の責任者は、遺族にたいしてただちに謝罪せよ。

②ワード二等兵の裁判を遺族と町民代表に公開せよ。

③遺族にたいしてすみやかに完全な賠償をせよ。

この当然の要求にたいして、ブラウン司令官は、①についてはただちに謝罪する、②については基本的には了解したが、具体的にはひきつづき話しあいたい、③については管轄外のことなので即答できない、とこたえた。

ところが、このブラウン司令官、遺族に謝罪にでかけた後、協議会との話し合いのなかで「この種の事件は不可抗力である」とのべ、その本性をさらけだし、町民の怒りをかった。激憤した町民は、三つの要求が完全に実現するまでは絶対に事故車を引き渡すことはできないとして監視態勢を強めるとともに「アメリカ兵による金城さん轢殺事件抗議町民大会」をひらいてたたかう決意をかためた。

そして、米軍当局との再三の交渉の結果、裁判の公開、遺族への謝罪と完全賠償を約束させるところまで追いつめた。

ところが、十二月十一日、またしても沖縄県民の人権がふみにじられる事態が起こった。那覇空軍基地内でひらかれた米海軍上級軍法会議は、判決理由も明示しないまま金城さん轢殺犯人ワード兵曹に「無罪」を言い渡したのだ。

その日の軍法会議は、傍聴人として遺族二名、町長（自民）、町議会代表、町選出立法院議員（自民）の五人と報道関係者三人に限定し、「公開裁判」とはにてもにつかないものだった。しかも、裁判のやりとりは通訳もつけず英語でおこなうなど文字通り植民地裁判であった。

あまりにもひどい裁判とその判決に「殺され損はもうごめん」「無罪判決断じて許さず」と広範な県民が立ちあがった。

琉球政府、立法院、糸満町当局、復帰協、対策協議会は、裁判のやりなおし、米軍人軍属にたいする裁判権の民移管を米軍当局、日米両国政府に強く要求し、大衆闘争を盛り上げていった。

「まさか無罪とは夢にも思わなかったのです。当然有罪だと思っていました。姉の無残な姿が目にうかんで夜も寝れない日が多かったのです。一人の人間の尊い生命をうばっても無罪になる。こんな世の中があるでしょうか。これでは姉の霊もうかばれません。アメリカのやり方は絶対に許せない」と涙をぬぐおうともせず怒りをこめて語る妹の玉城ヒデさん。

母を失った金城政子さん（糸満高校一年生）は、判決をきいたとき、「くやしい」、「もうアメリカはいてほしくない」とひとことと。

　琉球政府警察本部大城宗正交通部長でさえ「人をひき殺して無罪とはどんな裁判をやったのか、人道的にも考えられない。当時の現場状況から考えてみても運転者の過失は動かせないと信じていた」と語る。「アメリカがさばかなければ、わたしが殺してやりたい」と裁判の名による暴挙に怒りのこぶしを握りしめる中年の男性。県民大会で「なぜ、世界中どこにおいても許されない犯罪行為が沖縄においては〝無罪〟なのか」とアメリカ帝国主義の占領支配を糾弾する人民党古堅書記長。

　いいしれぬ屈辱感が沖縄中をうめつくし、アメリカ帝国主義にたいする県民の怒りがはげしく燃え上がっていった。

V　勝利への進撃

1　佐藤総理基地内に逃げこむ

一九六五年八月十九日、佐藤首相が田中自民党幹事長ら政府与党の幹部をしたがえて沖縄にやってきた。伊藤博文、東条英機についで歴代首相のなかで三人目の沖縄訪問である。

日の丸でむかえたのは、昼間、弁務官の命令で動員された子どもたちばかりで、沖縄県祖国復帰協議会は、その日の午後六時から那覇高校校庭で「佐藤首相にたいする祖国復帰要求県民総決起大会」をひらいた。

大会には八万をこえる大衆が集まっていた。労働者、農民をはじめ青年、学生、婦人、高校生、大学の学長や教授など各階層が顔を見せていた。

「日の丸」は一本もみえず、赤旗とプラカード、人の波で定刻前までに会場は埋めつくされていた。

大会は、議長団選出につづいて、喜屋《きゃん》武真栄復帰協会長の「二十年間も異民族の支配下においた本土政府の責任を追及する」とはげしい口調で「平和」条約第三条の破棄を要求する挨拶ではじまった。

ついで仲村栄春（市町村会）、平良良松（社大党）、宮良寛才（社会党）、瀬長亀次郎（人民党）の順で決意表明がおこなわれ、大会宣言、決議を採択し、午後八時すぎ佐藤首相の宿舎に向かってデモ行進を開始した。軍用道路一号線を進むデモ隊の「祖国復帰、佐藤かえれ」のシュプレヒコールに沿道からさかんな拍手が送られた。

首相の予定宿舎（ホテル琉球――現・東急ホテル）へのデモは、「サンフランシスコ『平和』条約三条撤廃」、「即時無条件に沖縄を返せ」など六項目にわたる大会決議を首相に手渡し、じかに首相の口から沖縄県民の祖国復帰要求についてどう考えているのかをたしかめるためにおこなわれたものだった。

宿舎に着くと喜屋武会長と大会議長団が首相にあうために宿舎のなかに消えていった。首相はまだ帰っていなかった。それで取りつぎがでてきて決議文を受けとり、首相に渡すからといった。そのことが喜屋武会長からデモ隊に報告された。

デモ隊はホテル琉球の入口をはさんで軍用道路一号線に一キロにわたって二万人余が坐りこんでいた。そのとき、私は宮良寛才らとともに座りこみの先頭にあり、挑発と盲動をおさえ、毅然とした統一行動に徹するようにその指導に力をしぼっていた。

「首相に手渡し、彼の口から返事をとりつけない限り坐りこみをつづけるべきだ」という声がいっせいにデモ隊のなかからあがった。

みんなの意志で坐りこみをつづけることになった。ところが高等弁務官主催のレセプションに出席していた佐藤首相はいっこうに宿舎にもどってこない。

そうしているうちに同十一時すぎ、佐藤首相が米軍基地内の迎賓館に逃げこんだことが明らかとなった。

ところで高等弁務官が招待した客はいつも基地内にある迎賓館に泊まることになっていた。「韓国」から招待された兵隊や幹部もくる。さらに南ベトナムからもくる。台湾、フィリピンからもくる。そして、みんな民間のホテルでなく、ここに泊まる。ところが佐藤首相は、独立国日本の首相というわけで、迎賓館に泊まらないで、予定としてホテル琉球に泊まることになっていて、諸大臣がここに根城をもったわけだ。

「売国奴佐藤かえれ」「アメリカの従僕、何しにきた！」「戦犯人佐藤の腰抜け」「アメリカの犬佐藤かえれ」とたちまちつもりつもった怒りが爆発した。怒りの炎は基地の地軸をゆるがさんばかりに燃えあがった。

デモ隊の怒りをみて、この日のために佐藤首相から送られた真新しい鉄カブトと警棒をもった武装警官隊は弾圧の態勢を整えはじめた。しかしデモ隊は警官隊の挑発にのらなかった。

復帰協執行部の統制のもとに一糸乱れず二十日の午後二時すぎまで実に六時間にわたって坐りこみをつづけた。その間、各所で坐りこんだまま総括がなされ、自主的に討論が組織されていった。

佐藤首相は一応帰ることになっていたそうだが、那覇にある南連事務所（総理府の南方連絡事務所）まできて帰れるかどうかさぐらせたら、どうも帰れそうにないということで、弁務官に電話したら、「こっちにいらっしゃい」ということになって、不安な一夜を基地内の迎賓館で明かした。米軍招待客として。最初からそうすればいいのに、総理大臣という大きなつらをしているものだから、結局そういったぶざまなかっこうにまで追い込まれるということになったわけだ。

これはまさに政治漫画の傑作である。

もう一つ、佐藤は、パスポートを持っていた。わたしも身分証明書を持たされるのだが、佐藤栄作も「総理大臣佐藤栄作」の印を押した身分証明書を持って行ったのだ。これを最初県民は、まさかそうではなかろうといっていたが、たまたま新聞記者にかぎつけられ、白い表紙のパスポート、佐藤栄作のをもっていて、はっきり証拠がにぎられたのだ。一国の総理大臣ともあろうものが。

自分が那覇に降り立ったら、「沖縄の祖国復帰が実現しない限り、戦後は終っていないと思います」といったような愛国者ぶったことをいっている手前、まさか基地内の迎賓館に泊まると思っていないし、日本人の経営するところに泊まっていきたいと思ったのだろうが、この大衆の怒りはついに敵、味方をはっきりさせて、佐藤首相が日本国民の味方ではなくて、アメリカの仲間であり、その片割れにすぎないということを、身をもって彼自身が証明したのである。

ところでデモ隊が占拠した軍用道路一号線は、嘉手納や読谷基地から那覇軍港にむけて輸送されるベトナム行きのジープ、戦車、弾薬その他の軍需物資を満載した軍用トラックの基幹道路である。ところがこの日はデモ隊によって占拠されたため大小の車輛が何千となく立往生した。そのためにベトナム行きの軍船の出港が一日以上ものばされ、那覇軍港は混乱におちいった。

このことはあとで知ったが、このたたかい自体がベトナムに軍需品を送るのを二日間遅らせベトナム人民との連帯の闘争であったということが、だんだん自覚されたと同時に、売国者のゆく末はどんなかっこうになるかということを、県民はこのたたかいで知ったのである。

さて、二十日の未明二時すぎ、デモ現場で緊急執行委員会をひらいた復帰協執行部は、討論の結果隊列をととのえ、あしたからのたたかいに備えるために解散することを決定した。そして「沖縄かえせ」を高らかに合唱したあと、坐りこみをといたのである。

その後、執行部の決定に従わなかった一部の妄動学生と組織外の人びとが現場にいのこって気勢をあげたので、間髪をいれず待機していた武装警官隊がこれにおそいかかった。そのために隊列を解いて帰途についた人びとまでなぐる、蹴るの暴行を受けた。

統一闘争において決定に従わず挑発行動をすることはいつの場合でもたたかいに損害を与え、不利を与えるものである。

八月二十日、田中幹事長はつぎのような声明を発表した。
一、今朝の佐藤総理は午前九時までに朝食をすませ、各大臣も軍司令部に行く準備をしていたが、総理は昨夜のことは別に気にとめておらず〝ゆうゆうたるかな〟の感があった。
一、わたしは昨夜の騒ぎについて少数の共産主義者とその同調者との感じをうけた、と。
八万余の大衆が参加し、真心をこめて首相に祖国復帰を要求し、意志表示のデモを組み、夜を徹して坐りこんでまで県民の声を伝えようと奮闘した祖国復帰民主勢力の総決起にたいしてなんという言い草であろうか。

これは県民にたいする許しがたい侮辱であり、日本人民の正義のたたかいにたいする恥知らずの挑戦である。

大会参加者八万人といえば、沖縄の総人口からいえばやがて一〇人に一人のわりの参加となる。侵略者や売国者にとって人民の平和への願望、独立への追求、民主主義と自由のためのたたかいは、とるに足りないごく一部の者の騒ぎにすぎない、と一笑に付す。

しかしこれは、不正・不義をはたらくものたちの強そうにみえてその実、自分の弱さ、貧弱な姿を知られては困るという虚勢から生まれてくる言葉にすぎない。

ところで佐藤首相の沖縄訪問の目的はなんであったか。

それはまず沖縄基地の強化とアメリカの沖縄属領化政策が順調に進められるように手だすけすることであった。

佐藤首相は、六五年の一月にジョンソン大統領と会い、十四日に共同声明を発表した。そのなかで「沖縄・小笠原諸島における軍事施設が極東の安全のために重要であること」が確認され、沖縄の祖国復帰については「極東における自由世界の安全保障上の利益が、この希望（復帰）実現をゆるす日を待望している」とうたい、祖国復帰待望論をくりかえし、沖縄の現状固定化の路線についても確認している。

訪米の前に佐藤首相は沖縄のワトソン高等弁務官と会っている。その時の模様を当時の臼井総務長官は、

> そこでは、施政権、自治権の問題はあがらず、たんにケネディ政策の効果的推進を確認するにとどまった。とくにワトソン高等弁務官は、佐藤首相に、たんに経済援助だけでなく、モラルの面でも働きかけてほしいといっていた。これは具体的に何を指しているかわからんが、基地の重要性を沖縄住民が深く認識するよう総理に協力をもとめたという印象をうけた。

と語っている。

こうして佐藤首相は、ワトソン高等弁務官の招待を受け、彼を沖縄での身元保証人として沖縄を訪れたのである。そして滞在期間中首相は、涙ぐましいほどワトソンの協力に応えようと

した。

十九日の歓迎集会で首相は「沖縄における軍事施設が極東の平和と安全のためにきわめて重要であることは申すまでもありません。私は米軍当局の御努力を多とするものであります」と演説し、同じ日の記者会見でも、

基地についていえば、本土の安全なくして沖縄の安全はないし、沖縄の安全なくしては本土の安全はない。このような一体的考えにたってはじめて基地の意義がわかる。沖縄基地は極東の広範囲にわたって平和維持に貢献している。

一部には施政権と基地を分離しうるという考え方もあるが、今日の基地の規模からいってそう簡単なものではない。問題は、日米友好の間に十分に理をつくして解決できることで、国連に訴えたらどうかなどとはとんでもない。ジョンソン大統領も『復帰が実現する日を待望する』とのべた。

おそれいった対米従属ぶりである。一方、佐藤首相は県民の機嫌をとりむすぶために滞在期間中それこそ団十郎ばりの演技まで披露した。

ひめゆりの塔の前でハンカチをとりだして泣いて見せたのもその一つであり、教育費の国庫負担、社会保障、先島へのテレビ局設置、南洋諸島への墓参、遠洋漁船への日の丸掲揚などの宣伝を連発した。

しかしどんなにつつみかくそうと思っても侵略者、売国者の本質はおおいかくせるものでは

ない。

六月二十五日、沖縄訪問の前に鹿児島で佐藤首相は胸を張ってこう言っていた。

「社会党の代表が行っても沖縄の住民をあおるだけで、なんの責任もとらない。しかし、私が行けば、きっとすがってみたいという気持になるだろう」と。

しかし、その佐藤首相を迎えたのはあの八万人の怒りであり、米軍基地内に追いこんだ二万人の坐りこみを決行した県民であった。そして、県民はねばり強い統一闘争によって佐藤首相の訪沖の目的とねらいをみぬき、このたたかいをとおして全日本人民の統一と団結、つかれを知らないたたかいこそが沖縄全面返還、祖国の真の独立を実現する保障であることを学びとった。

2　失格宣言――仮面をぬいだ「民主主義」

一九六五年十一月十四日第七回立法院選挙がおこなわれた。人民党、社会党、社大党の革新三政党は、この選挙戦で日米支配層とその手先、松岡任命主席を総裁とする民主党と真向から対決する決意を固め、立法院選挙共闘連絡会議(共闘連)を結成した。

まっさきに統一綱領がきめられた。単純小選挙区制は祖国復帰民主勢力にとってきわめて不利な条件であったので、候補者調整が努力され、三選挙区を除いて統一候補が生まれた。

統一綱領にはつぎのことがうたわれた。

一　沖縄を拠点とするアメリカのB52のベトナム出撃、その他いっさいの軍事行動をやめさせ、県民の生命と財産を戦争の危険から守り、日本とアジアの平和を中心とする世界の平和をかちとろう。

二　安保体制を打破し、ごまかしの自由防衛論にもとづく米軍基地のおしつけと米国の施政権保持に反対し、「平和」条約第三条の撤廃による沖縄の即時祖国復帰をかちとろう。

三　アメリカの植民地的経済支配と日米協議委員会を中心とする現状固定化のための経済「援助」に反対し、日米両国政府の沖縄にたいする戦災復興、戦後処理その他いっさいの義務の不履行を追及し、本土法の適用による政府の財政支出と県民の生活権をかちとろう。

四　主席の指名制およびいかなる任命制にも反対し、知事（主席）の直接公選をかちとろう。

五　日本国憲法の適用と国政参加を実現し、県民の政治的自由と人権と民主主義をかちとろう。

この統一綱領が明らかにしているように、第七回立法院選挙は、アメリカ帝国主義の戦争と侵略の政策、佐藤自民党政府の売国政策と松岡任命主席と民主党の反動政策を認め、沖縄にたいするアメリカの軍事的植民地的支配の一層の強化を許すか、それとも、平和と祖国復帰、民主主義と生活向上をめざしてたたかうか、という沖縄の将来に重大な影響を与える選挙であった。

米日反動とその手先民主党と、人民党を先頭とする共闘連がはげしく対決した選挙戦となった。

彼らは、ドルと権力を巧妙につかいわけ、弾圧と干渉、買収、供応、弁務官資金による利益誘導、アカ宣伝をおこなって民主勢力に攻撃を集中してきた。

だが選挙の結果は、実質的には共闘連に結集する祖国復帰民主勢力の勝利を示していた。すなわち、三二万二八三一の有効投票のなかで共闘連は一五万〇三七二票の支持をかちとり、得票率四六・五八%を占めた。

一方、民主党は一四万三八八三票、四四・五七%の得票率であった。

ところが県民の圧倒的支持があったにもかかわらず共闘連の当選者は定員三二議席のうち一一名で、議席の獲得率はわずかに三四%にすぎなかった。これに反して民主党は一九議席をしめ、その率は六一%を示した。

なぜ、このような結果になるのか。これは単純小選挙区制と「失格宣言」により、布令議員を当選させるという不当なやり方による虚構の議席であった。

失格宣言！　これが発せられたのは開票の時であった。ワトソン高等弁務官は琉球政府中央選挙管理委員会にたいして大宜味朝徳、瀬長亀次郎、又吉一郎、友利隆彪の四候補は「重罪または破廉恥罪」をおかしているので被選挙権がないから失格を宣言せよ、と指令した。

大宜味朝徳は札つきの親米反共の国民党公認候補で「琉球独立」論をふりまいており、その得票数五六七票が示しているように県民は相手にしなかった。その彼を共闘連の三候補とだき合わせて失格を宣言させたのは、民主主義の偽装に利用しようとする米軍占領支配者一流のずるがしこいやり方であった。

とくに、又吉、瀬長の二候補にたいする攻撃は、すでに選挙前から「被選挙権がないから投票しても無効になる」という形で謀略の限りをつくしてやられていた。

しかし統一綱領を堅持して奮闘する二候補にたいする有権者の支持は日を追って高まり、高等弁務官と民主党を不安におとし入れた。有権者の動向を探るのにCICをはじめすべての情報機関を動員したのはいうまでもない。この情報機関の報告にもとづいて、ついに高等弁務官は開票の時点で蛮刀をふるい、二万票近くの県民の意志を無視し、県民の被選挙権と選挙権をうばう暴挙を強行した。

友利候補の場合は、四六五二票をとり、民主党砂川候補の四一四四票を上まわる最高得票者であった。

又吉候補の場合も合計では最高得票ではなかったが、豊見城村においては民主党の長嶺候補に二〇〇〇票の差をつけており、「又吉候補は重罪をおかしているので被選挙権はない」という悪質な宣伝をはねのけて有権者が勇敢に投票するまでに成長したことを物語っていた。

一方瀬長候補は、友寄（民主）、兼次（無所属）、金城（同上）、宮良（社会）、など四候補の運動員が高等弁務官の口ぶりをまねて、選挙戦がはじまる前から「瀬長に投票しても前回同様死票になる。残念ではあるが今回はこちらへどうぞ」といった巧妙な宣伝によって有権者を不安と動揺におとしいれようとした。しかし開票の結果は、五三九七票（前回は五三七一票）を獲得し、米日支配層とその手先にたいする県民の抵抗を示したのである。

これにたいして「失格宣言」なる暴挙が強行された。

つぎに示すのが中央選管から開票管理者あてに送られた公文書、瀬長候補にたいする失格宣言である。

選挙権の有無について（通知）

一九六五年十一月十四日執行の立法院議員選挙における別紙の候補者は、布令六八号（琉球政府章典）第二二条後段の重罪に該当するため、被選挙権を有しないので通知する。

なお、当該候補者に対してなされた役票は、立法院選挙法第七二条第4号（被選挙権のない候補者の氏名を記載したもの）に該当し、無効であるから、開票の点検と同時に当該候補者に投票された投票は、全部無効として処理するよう取り扱われたい。

又吉候補の場合も同じ理由であった。瀬長、又吉両候補にたいして万に近い有権者が実際に投票したのに、一片の布令でその選挙権は完全に消されてしまったのである。

友利候補は、過去に「選挙違反」で五〇ドルの罰金に処せられたことがあるが、それが「重罪または破廉恥罪」にあたるというのである。しかし、この罰金五〇ドルの判決が下されたとき、とくに「琉球上訴検察庁」井上文男次長検事は、宮古城辺町役所あてに「立法院議員選挙法第二十条一項の五年間被選挙権を停止するを、適用しない」と明記された公文書をわざわざとどけているのである。しかも友利候補は、立候補する寸前まで城辺町長という要職に就いていたのである。

米軍の不当な失格宣言に「交通違反をやったら被選挙権もなくなるということか」といって県民は怒りを爆発させた。

瀬長、又吉の場合のいわゆる「破廉恥罪または重罪」というのは、一九五四年のいわゆる「人民党事件」で不当弾圧を受け、逮捕されたときのことを指している。事件そのものが不当弾圧であるだけでなくすでに十一年前のことであり、時効によって刑の言い渡しは効力を失っていた。

米軍の失格宣言はまさに不法不当といわざるを得ない、そしてそのやり方は、植民地支配下における民主主義がどんなものであるかを如実に示している。

3　その裁判まった——裁判移送命令

理由にならない理由で当選を無効にする。高等弁務官の失格宣言の指令は広範な県民の怒りをまきおこした。

友利隆彪氏は、この県民の怒りをバックにしてただちに中央選管を相手に、対立候補の砂川氏（民主党）の当選無効を提訴した。

「友利事件」の判決は、年を越して六六年二月二十三日に中央巡回裁判所でおこなわれた。その判決は、アメリカにとって厄介な問題となった。裁判所が友利氏の勝訴を言い渡したのである。アメリカの圧力は通じなかったのだ。

中央選管はただちに事件を上訴裁にまわした。上訴裁の判決は最終審であり、ここで友利氏の勝利がきまれば、米軍の布令による友利氏の失格宣言を裁判所が認めないことになり、当選が決定することになる。

これは単に野党の議席が一名ふえるというだけではなかった。布令の威力を失墜させ、瀬長、又吉の失格宣言を無効にすることにもなる。さらに県民の自治権拡大の要求を大きく励まし、激烈にたたかわれている昆布の土地闘争、教公二法阻止闘争に重大な影響を与えることになる。アメリカがいちばん恐れたのは連鎖的な大衆闘争の発展であった。

そこでワトソン高等弁務官は、判決を目前に控えた六月七日、この「友利事件」を「サンマ事件」とともに米国民政府裁判所に移送することを命じ、県民の裁判権をうばいとった。

この暴挙にたいする怒りは、広範な県民大衆の裁判移送命令撤回要求の嵐のような世論となった。十六日から立法院の審議も完全にストップしてしまった。

そして二十一日には立法院が全会一致で裁判移送撤回を決議し、二十八日には人民党、社大党、社会党の三政党をはじめ労働組合、民主団体など二五団体による裁判移送撤回共闘会議が結成された。

数次にわたる抗議集会とデモ行進、街頭署名、全県的な演説会の開催、本土への二次にわたる代表団の派遣など統一闘争に結集した県民の戦闘的な反応は急速にたたかいを盛り上げていった。だれとなしに第二の〝島ぐるみ〟闘争ということがいわれた。共闘会議は、一方では砂川議員の辞任を要求し、砂川議員の自宅にもデモをかけるなど民主主義と自治権を守る課題と具体的な要求項目を分けてたたかいを進めていった。

この戦術は、市町村長会、同議長会などの結集をかちとるなど広範な県民をたたかいに組織していった。しかもこのたたかいは昆布の土地闘争との結合にみられるように強固な労働者、農民の共闘に支えられていた。

アメリカ帝国主義は、こうした県民のたたかいの発展に深刻な打撃を受けながらも、なお、最後まで移送命令を撤回せず猿芝居をうってきた。

それは九月、アメリカ極東軍直属の三名の米人を裁判官に任命し、法廷をひらかせるということであった。県民は、この「民主主義の偽装」に新たな怒りを燃やし、一層裁判移送撤回をかちとる決意を固めていった。

そしてついに六六年十二月二日その「判決」が出された。「友利氏の当選は効力をもつ」というものであった。県民のたたかいは勝利した。友利氏の「失格」をねらったアメリカの無法な意図は、県民をはじめとする日本人民のはげしいたたかいの前に、ついに公然と友利氏の当選を認めざるをえないところに追いこまれたのである。

判決の結果、友利氏の議席は回復され、立法院での与野党の議席差は、その年の八月におこなわれた補欠選挙で当選した革新系無所属の吉田氏も含めて一七対一五となり、民主党を苦しい議会運営においこんだ。

この判決につづいて十二月八日、高等弁務官はついに瀬長追放布令といわれた問題の布令第六八号（琉球政府章典）の被選挙権はく奪の規定を廃止することを発表した。

この布令廃止の直接の動機は、判決以後、人民党をはじめ全野党、共闘会議がますますきびしくこの弾圧布令の廃止を要求したからである。もし、これを廃止しなければ松岡任命主席の政治生命はおろか、与党民主党の動揺を食いとめることはできないほど県民のたたかいは高まっていた。

この布令第六八号の廃止によって、一九五七年以来十年にわたって不当にも被選挙権を奪われていた私をはじめ、その他の人民党幹部の被選挙権も復活することとなった。

これはまさに、長年にわたる民主勢力のねばり強いたたかいと本土人民と結合して発展してきた日本人民の民主主義と政治的自由をかちとる統一闘争の大きな成果であった。

4　軍国主義教育はごめんだ

一九六七年は年開けと同時に人民のたたかいでゆれ動いた。

教公二法（地方教育区公務員法・教育公務員特別法——教職員の政治活動を禁止しようとする弾圧法）阻止を要求する教育労働者を中心とする県民のたたかいである。

このたたかいの波乱は、年末からはじまった。

革新系無所属の浜端春栄議員（県労協推薦）が、年の瀬もおし迫った十二月二十七日、民主党入党を表明した。

この浜端議員の民主党への入党は、それまで教公二法を審議する立法院文教社会委員会の与野党比四対五を五対四にひっくりかえし、与党民主党に有利に変化させる重大な行動であった。労働者と勤労県民の利益を守る、といって県労協推薦で当選をかちとった浜端議員が、その魂を民主党、米占領軍に売り渡したのだ。

この男は、県労協の副議長をつとめ、十年間も労働運動をしてきた人である。

「教員の問題だ」といって取り組みの弱かった民主勢力も、事の重大さと情勢の緊迫化を自覚した。

一月七日、人民、社大、社会の革新三政党、労働組合、民主団体は、結集して「教公二法阻止県民共闘会議」を結成した。これは、輝かしい勝利をおさめた「裁判移送撤回県民共闘会議」の経験と豊かな教訓をひきつぎ、発展させたものであった。

一方、浜端議員をひきこんだ民主党は、次第に強硬な姿勢をうち出してきた。はたせるかな、一月二十五日文教社会委員会は、民主党議員のみの出席で、討論なしで教公二法を強行「採決」したのである。一〇〇〇名の警官隊に見守られながら。

県民は、民主党の不当なファッショ的行動に怒りを爆発させ、たたかいの輪を広げていった。教育労働者は、一割から二割休暇闘争へとたたかいを発展させ、民主勢力の先頭に立った。

一月二十八日、共闘会議主催の「教公二法阻止並びに抗議県民大会」には、十割動員の教育労働者をはじめ、加盟労組、民主団体から二万人が結集してきた。

つづいて、立法院定例議会の初日である二月一日、立法院をとりまいた二万五〇〇〇人の力によって本会議は流会となった。

盛り上がるたたかいのなかで立法院の空転はつづき、本会議の見通しはつかない。その間、沖縄大学教授会、琉球大学教職員会、国際大学教授会などの「教公二法反対の声明」が出されるなど、たたかいは広範な県民のなかに広がっていった。

ところで、民主党はなぜ教公二法の採決を急ごうとしたのであろうか。

彼らはつぎのように宣伝していた。

「教育は、中立であるべきだから教員の政治活動制限は当然だ」「教員が赤旗ばかりふっているから青少年は不良化するのだ」とデマをとばし、「本土でも教公二法は実施されている。

本土と同じようにするまでだ」「教公二法は身分保障が目的だ」と強調する。

しかし、彼らがどのようにデマをとばし、本土との「一体化」を強調しようともそれは欺まんでしかない。

それは、公務員としての教育労働者を身分保障にかこつけて、その政治活動を禁止し、勤務評定などによって手足をしばりつけようというものであった。

沖縄の教育労働者一万人が、祖国復帰民主勢力の主力部隊である労働者階級の重要な一部隊であり、米日反動とその手先どもの反動的な教育政策とたたかい、民族的民主的教育を守り、発展させてきたこと。平和と民主主義、生活と権利を守る県民のたたかいにおいても重要な役割を果たしてきたことを、米日反動はこれまでの経験で痛いほど思い知らされていた。

とくに、米日反動の手先集団である民主党は、教育労働者を目の敵として、その弾圧をねらいつづけていた。

彼らのねらいは、明らかに祖国復帰民主勢力全体の統一行動と統一戦線を弾圧、破壊し、教育を彼らの軍事的植民地的支配を強化するための道具として使い、米軍による沖縄支配を固定化するのに向けられていた。

この敵の攻撃にたいして、民主勢力の内部にも当初いくつかの弱点もあった。

その一つは、「機能別分離返還方式」にもとづいて出されてきた「森構想」＝「教育権返還」論にたいする評価である。

この「施政権の機能別分離返還方式」というのは、六六年八月に沖縄を訪れた佐藤内閣の森総理府長官がワトソン高等弁務官と会い「森・ワトソン共同発表」を出したことからはじまったものである。

それはまず「米軍基地の確保には直接関係のない教育や社会保障などの施政権返還」というものであった。この「返還」論は、沖縄の真の全面返還につながるものではなく祖国復帰民主勢力の分断をねらっていることは明らかだった。

ところが、この「森構想」を「自主的に、しかも積極的に教育権返還を推進し、それを土台に全面復帰にまい進する」ということで、こともあろうに教職員会役員会合同会議が事実上の支持声明を発表したのである。

米日反動の思想攻撃、その先兵として事あるたびに顔を出してくる大浜信泉南方同胞援護会長は、この「教育権返還」論について「外堀を埋め、内堀を埋めて、落城させる」ということで教職員会をけしかけたのである。

その第二は、本土の教育行政とその内容についての批判的検討が弱いことであった。池田・ロバートソン会談にもとづく軍国主義教育の復活は、日教組を先頭とする全民主勢力の反対をおし切って強行された勤務評定や「教育指導要項」などによって着々とすすめられていた。

これへの批判的検討が当然なされなければならなかった。ところが、教職員会の指導部は、それをせず教公二法のなかの「非民主的条項の撤廃」による「民主的教公二法」をという態度をとったのである。

しかし、こうした動揺も現場でたたかっている教育労働者や米日反動の分裂策動に抗して、祖国復帰運動の統一と団結を守り抜いてきた自覚的民主勢力の努力によって克服されていった。

とくに、具志川村昆布、糸満町喜屋武《きやん》を中心に激烈にたたかわれていた土地接収阻止闘争の前進と発展は、統一を促進するうえで大きな役割を果たした。

土地問題も教公二法も単に地主や教員だけの問題ではなく、ベトナム侵略戦争反対、祖国の完全独立と平和をめざす全県民の共通の課題だ、ということがたちまちひろがっていった。

そのなかで、闘争を大きく盛り上げていった現場の先生方の奮闘ぶりは特筆に値するものだった。

〝オルグ〟という言葉の意味も知らないある婦人教員は、居ても立ってもいられない気持で、生まれてはじめて〝オルグ〟にでかけた。教壇で生徒に話したり、家庭訪問で父兄と会うのとちがって、「教公二法」という当面の政治問題について話さなければならない。

しかも、民主党の「教公二法早期立法促進会」「子供を守る母親の会」というデッチあげ組織による「ソ連につながる教育反対」「子供を犠牲にした教員のスト反対」などのデマ宣伝が渦まいている。

「集まってこられたお母さん方を見て、はたして私のもっている知識で納得のいく説明ができるだろうか、どんな質問がでてくるのかな、もし、教師の立場を理解してもらえなければどうしよう、といった不安と緊張が私の胸をしめつけた」とある若い教師は語った。

だが懇談会も、悲惨な戦争を体験し、真に子供たちのしあわせを願う教師と母親たちの交流、激励の場とかわっていった。

「教公二法の話し合いに出席し、いろいろとお話しをきき、非常に重大問題だということを知りました。どうぞ、先生、おけがをしないように頑張ってください」と激励のことば。

十割休暇闘争のための補充授業は日曜日におこなわれた。すると「生徒たちは、かわりのお休みをもらっているが、先生方は、ぶっ通しで大変ですね。折角のお休みを返上して」とねぎらいの言葉が母親たちから送られてくる。

子供の教育は、先生に任せておけばいい、といっていたのが、たたかいの輪のなかで母親に「自分たちの問題」でもあることを自覚させていったのである。

ひとりひとりの教育労働者が、「教育とは何か」「教師はどうあるべきか」を自ら問い、模索し、「闘争とは、仲間の連帯とは何か」を考え、論議しながら行動に立ち上がっていった。

十割休暇、教員であるが故に心のどこかに抵抗ににたようなものがあった。あとで補充授業をやれば空白も埋まるだろう、といっても割りきれない。しかし、教育そのものが米日反動の戦争と侵略の政策、沖縄永久属領化の政策に奉仕させられ、破壊されようとしている現在、私たちは、その教育を守るためにどうしても十割休暇にふみきらざるをえない。

教師は、どんな時でも教え子のことを思うものだ。その子供たちのしあわせを思うが故に、大切な授業を「犠牲」にして行動する。それは教育労働者としての階級的な信頼と団結の思想にみちびかれた統一行動であった。

「十割年休には犠牲者が出ることを覚悟しなければならない。それには最低一人当り一二ドルの救援資金負担を覚悟して十割年休に賛否を表わさなければならない。個人の全くの自由意志による投票をしなければならないので、文字によらず、〇×記号によって表わしてください」という説明の後に投票がおこなわれた。

結果は一〇〇％だった。どっと拍手がわき起こった。

当初、「身分保障が目的だ」「ソ連につながる教育反対」「教師が授業を放棄するとは何事だ」等々の民主党のデマと中傷宣伝によって動揺していた教師たちも、教公二法の反動的本質を見抜き、父兄と勤労県民大衆の支持と激励のなかでたくましくなっていった。

そして、そのたくましさは、仲間たちへの熱い連帯感に包まれ、労働者階級にふさわしい人間性の豊かさをそなえたものであった。

チラシ配りと懇談会の手配をおわり、くたくたに疲れて帰宅し、寝ようとしたが、冷たいコンクリートの上で寝ている分会や地区、民主団体の仲間たちがいることを考えるとどうしても眠れず、フトンをけって最終バスで那覇に向かった。

たたかうことは素晴らしいものだ。たたかいはどんどん人間を変革していく。

「従順な県民性」などと皮肉られてきた沖縄県民は、従順どころか権力にたいして妥協することなくたたかいつづける不屈性、戦闘性をさらにさらに高め、強めていった。

冷たいコンクリートに体温をうばわれ、ろくに眠れないままに夜明けを迎えた。

六時になると、中央の統制に従って全員院外に出た。どこからか歌声がおこり、それが全体をつつんでいった。「心はいつも夜明けだ」「おれたちははしごになろう」がいく度もいく度も歌われた。林立する赤い組合旗やみどりの分会旗が歌声に合わせてゆれていた。時がたつにつれて仲間たちの輪がふえていった。八時には道路にはみだした。立法院の裏口もぎっしりと固めた。ついに十割休暇が実施されたのだ。労働者、農民、青年、婦人、学生の団結。二万人余の結集だ。もはや警察権力などではどうにもならない。

行動は整然とし、現場では一人の犠牲者も出さない。遠くの方で一部の学生が、「突っこめ、警官をやっつけろ、先頭は何をしているのだ」と罵倒している。

これは団結を崩すものだ。近視眼的な一揆主義の行動を許してはならないと思う。

広がり深まる教公二法阻止闘争は、しだいに民主党と松岡任命主席を窮地に追いこんでいった。しかし、彼らは黙って後退することはしない。

反共宣伝を強めると同時に、地域の民主党員は、PTA役員になりすまして学校に乗り込み校長、教頭を脅迫し、共闘会議の「教公二法反対の署名」用紙とよく似たものを作り、「教公二法促進署名」とは言わずに、ただ「教公二法の署名です」と騙して署名集めをするきたない手段まで使い出した。

一方、立法院にたいして数回にわたって警官隊を導入し、強行採決を阻止するために結集した県民大衆を弾圧し、そのつど多くのけが人を出し、立法院を〝混乱〟状態におとし入れることによって新たな弾圧が加えられてきた。「暴力犯罪」「秩序維持」に名をかりて、米軍と警察が一体となった弾圧体制が示唆された。「賃金カット」「処分」の強行によって年休でたたかった教育労働者を脅し、分裂策動を強めてきた。

沖縄経営者協会は、「議会制民主主義を守ろう」という名目で「一部の団体が徒党を組み、実力によって立法院を土足にかけ審議を妨害する」ことは民主政治の敵であると悪罵をなげ、「教師は身を正そう」ということで「教公二法で身分保障と待遇改善を受け、政治活動、スト禁止、勤評の制限拘束を受ける」ことを公然と要求してきた。

そして「立法院は毅然たれ」ということで、警官隊による請願団の弾圧、教公二法の強行採決を叱咤してきた。

民主党は、桑江幹事長の記者会見で「教職員会の行為は暴力革命を目的とした」ものであるから、「いかなる努力を払ってでもこの暴力行為を排除する」と警官導入を合理化しようとしてきた。

こうして教公二法阻止闘争は、その最大のヤマ場である二月二十四日を迎えた。

本土では警察官がごぼう抜きにするのが普通だが、沖縄では、人民が警察官をごぼう抜きにしたのだといったようなことで、本土に報道されたが、これは事実ではない。

沖縄の警察官は一三八〇名の定員で、最大動員で一二〇〇名しか動員できないような状態であったが、前夜から徹夜で約一五〇〇〇人の共闘会議請願団がすわりこんだのにたいして武装警官が一二〇〇名動員され、二〇〇名は那覇警察署に待機していた。一〇〇〇名が立法院をとりまいてかため、請願団を一人もいれない。午前六時にちゃんと警官隊がとりまいていて、八時までには、二〇〇〇名の請願団がつめかけてきたが、十一時には三万を突破した。その時は一対三〇だから、馬力からいってもかなわないという状態になって、正門と裏門から請願にはいってしまった。裏門は四、五分早かったのだ。裏門では両翼から人波が押していって、人民党員と民青と、現場でストをやった労働者が先頭に配置されていて、両翼から押すものだから、警察官は押されてそのために請願隊はタッチしてしまった。その時に突破して請願にはいってもいいかという伝令がきたので、「ちょっと待ってくれ、ここはまだだから」ということで、待たしておいて、いつでも突破できるようになっていた。さらに正門はその逆に、正攻法でやっていた。立法院は小高いところにあって、一間位道路から高い。そこを正攻法で押していったので、警察官は両翼に自分ひとりで落ちただけなのだ。まんじゅうを押すとはじからあんがでるように、落ちただけであって、ごぼう抜きはしてはいない。

これを商業新聞は、刑事事件にひっかけるために、「ごぼう抜きにしたんだ」「請願隊が暴行を加えたのだ」といっていたが、請願団はおとなしいもので暴力はふるわなかった。とくに女子の教員はほとんど全部が運動靴だったから、踏まれ、足の皮がむけて血がにじみ、結局八名の負傷者をだした。彼女らが目の前で倒れているから、隊列からはげしい抵抗が湧いた。その場合でもむこうの一番痛いような抵抗の仕方をやった。警官はヘルメットをかぶっているので、それを結びつけている紐を引っ張ると、自然に両手が上がって倒れるようなしくみになっている。それをだれかが始めたものだから、「あっこれはおもしろいなあ」と、つぎつぎやりだした。倒したというより、倒れてはいても、それを引っこ抜いてはいない。これが事実だ。

あのとき集まった三万八〇〇〇人という請願団は、目標はただ一つだった。本会議をひらいて、教公二法を一分位で独裁決議をする腹であるということがわかったために、不当な本会議を粉砕せよというのが動員の最初の目的であった。ところが十一時半頃になって、議長が「今日の本会議はとりやめる」と宣言をして、ベルが鳴った。そうしたらもう目的は果たしたわけである。そのときまた大会がひらかれて、こんどはなにを目標にしてこの力をぶつけるかということで、いろいろな意見をまとめた結果、「教公二法を廃案に追い込め」ということで統一されたスローガンがまたでたわけだ。そこで現場から団体交渉する代表が八名えらばれて立法院に行き、五時間の討議のなかで、廃案の協定に印を押させるというところまでいった。

このように運動の量が多くなると、目標が質的に転化するということを現にあの大衆自身が教えていること、もう一つは統一目標、これが正しく明確に大衆に認識されるとあのような英雄的なたたかいに発展するのだということが示されたのであった。

一月頃までは、まだ教公二法反対のスローガンとしては、教職員の政治的自由とか、あるいは勤評反対であるとか、政党支持の自由、団結権、団体交渉のストライキ権がなくなるとかいう意味で、スローガンが出ていたが、最初は「軍国主義教育反対」のスローガンは容易にいれられなかった。人民党は、最初からこれは米日支配層がうしろにいて、これのさしがねでできているこということ、さらにその根底には軍国主義復活の政策にもとづき軍国主義教育を推し進めていき、そしていつでも侵略戦争の火車に乗せていけるように子供たちを教育する目的があること、さらには、アメリカのベトナム侵略戦争をはじめとして、彼らの戦争と反動の政策に対決しなければならないというようなことを訴えつづけたが、六七年の一月のはじめ頃には、それがだんだん広範な層にうけ入れられるようになっていった。いままで民主党を支持し、投票したオッカサンたちまで、また子供たちが戦争に引っぱられていくのだなということになって、広範な層が「教公二法」反対のたたかいに結集された。

こうした闘争の発展のなかで、「軍国主義教育反対」「民主教育、民族教育を守れ」などのスローガンが統一スローガンとしてかかげられ、このように広範な県民をたちあがらせたのである。このことでもわかるように、正しい政策が統一スローガンになり、非常に発展してくるのだということが教訓としてでてきているのである。

この二十四日のたたかいで、終始アメリカ民政府シーモンズ公安局長が「琉球警察」の警官隊の指揮をとっていた事実は、教公二法の強行採決は米軍の至上命令であったことを示している。しかし、その至上命令は、人民の偉大なたたかいによって見事に粉砕された。

また、民主党議員団が、「緊急事態」に備えて米軍に院内脱出のためのヘリコプターの出動を要請し、拒否されたという話は、漫画的で面白い、民主党議員のあわれな本質を物語っている。

いずれにしても、民主勢力のなかにあった弱点や、さらにたたかいの途中で「野党議員と教職員の総辞職」といった一揆主義的な戦術、トロツキスト暴力学生集団を民主勢力の一部とみなすようなあやまりを克服し、院内外における統一闘争を発展させてきた成果は大きい。

沖縄の民主勢力が質量ともに大きな発展を示した大闘争がこの教公二法阻止のたたかいだったのである。

5　昆布の勝利

一九七一年七月三十一日付の人民党中央機関紙『人民』は、昆布の土地闘争勝利祝賀集会の模様を三面のトップでつぎのように報じていた。

「この勝利の歓声よ、ベトナムの空にひびきわたれ」とばかり具志川市天願軍桟橋を眼下に見おろす昆布の丘、闘争小屋の広場は、土地闘争勝利の歓声と歌声がわき上がりました。地主と民主勢力の団結のまえに凶悪野蛮な米軍もとうとう「土地接収」をあきらめたのです。布令による「土地接収通告」いらい実に五年七ヵ月余。きびしく、ねばりづよいたたかいをおしすすめてきた昆布土地を守る会の佐久川長正会長はじめ地主の目はうるみ、喜びをしみじみとかみしめていました。

三〇〇名余りの参加者の前で佐久川長正会長は「土地は農民の生命であり、財産です。農民の生活と権利を守り、戦争に反対し平和を守る立場からこのたたかいをたたかいぬき、米軍に一坪の土地も渡さなかった。この勝利は、正しい者は必ず勝つということを信じてやってきたことにあります。私たちの勝利は民主勢力の団結のおかげです」と勝利の喜びと感謝の言葉をのべた。

この農民の生命であり、財産である具志川村（現在具志川市）昆布部落の農民の土地にたいして、米軍が新規土地接収を通告してきたのは、一九六五年十二月二十二日のことだった。

アメリカ帝国主義は、ベトナム侵略戦争をますますエスカレートさせていた。そして、米軍はくりかえし沖縄基地の重要性を強調していた。

ワトソン高等弁務官は、アメリカ下院軍事委員会聴聞会で「沖縄の軍事基地は、アメリカ、日本、その他の西太平洋における同盟国の防衛にきわめて重要である。これは昨年（六五年）に実証された。われわれは、兵員と物資を沖縄からベトナムへ迅速に再展開することができた」と証言し、北爆に沖縄基地が重要な拠点として使われたことを明らかにした。

接収予定地は、二万五〇〇〇坪という膨大な面積である。この地域は、構築中の米軍大願桟橋に通じていた。そこへ物資集積所を作ろうというのである。

ベトナム侵略戦争の激化にともない、那覇軍港その他では間に合わなくなっていた。天願桟橋がマリン隊専用ということは、この地域をベトナムへの軍需物資（弾薬）輸送の新しい拠点になることを意味していた。

農民は、すぐ反対運動にたちあがった。

物資集積所の建設を許すことは、弾薬を抱いて寝るのも同じことである。「土地は万年、金は一時」である。それに一年間に一坪あたり一〇セント（三六円）の土地代を払う、という米軍の発表は、あまりにも農民を馬鹿にしたものだった。

仲西智勇（五六歳）さんは、「私のキビ畑からは一年間に一二〇〇ドル（四三万二〇〇〇円）以上の収穫があります。ところが米軍に土地を取られた場合の借地料は、一年間にわずか三〇〇ドル（九万八〇〇〇円）しかなりません」と怒りをぶちまけた。

農民は集まって話しあった結果、つぎのことを決めた。

① 土地を失うことは、子供や孫の時代までひびく。ブルドーザーの前にすわりこんでも阻

止し、契約に応じないこと。

② 米軍は表面だけでも農民の了解をうるために、どんなだましの手をつかってくるかもしれない。だまされないようにみんなが力を合わせること。

これが農民たちのお互いの約束だった。三八名の地主のうち二五名が参加して「昆布土地を守る会」が結成された。四月一日だった。

琉球政府も村当局も米軍とグルだった。法務局土地課長が、農民を説得するといってやってきた。

農民　地主は私たちだ。私たちが契約しないとなればどうにもならないではないか。

土地課長　みなさんが嫌だ、といえば強制接収だ。それではみなさんが損すると思うが。もしみなさんが、金がほしければ一〇年払いも可能だ。

村当局員　みなさんが反対すると、黙認耕作地も金網が張られるだろう。

農民　一時は軍用地料でも生きられようが、あとはどうなる。死ね！　というのか。

農民たちは、約束を守って団結を強めていった。

ちょうどその頃、伊江島土地を守る会では、〝黙認耕作地〟内にある建築物を撤去せよ、という米軍の立ちのき強要に抗議するたたかいがすすめられていた。

伊江島村長に送られてきた米軍の文書には、「黙認耕作地に建てられた建築物は侵害物件である。空軍は伊江島の空軍用地内にある侵害物件の撤去を実施することを決定した。地主が今後とも米国の権威を無視することは許されません」と書かれ、反対する者には強硬な態度をとらざるをえないと脅迫してきた。

いわゆる「黙認耕作地」内には、農民たちの住家、畜舎、納屋、飲料タンクなどがあった。農民は、自分の土地に自分が住むのは当然だと米軍の態度に怒り、逆に武力によって強奪した土地を返せ、アメリカは自分の国に帰れ、と抗議し、鋭く糾弾した。

この土地強奪の策動はさらにひろがった。

今度は、沖縄本島南部、知念村の志喜屋と山里にたいして、CSG（謀略部隊）の通信施設を作るからといって、四一万二〇〇〇平方メートル（約一四万坪）の土地接収を通告してきた。

アメリカは、沖縄県民の土地をなんと思っているのだ。農民の生活をどう考えているのだ。この土地接収が強行されれば、志喜屋の農耕地の半分、山里の二五％が失われ、ほとんどの農民が生活手段を完全に奪われることになる。

ここでも、関係地主八五名が団結し、「志喜屋、山里土地を守る会」が結成され、米軍の土地接収阻止の体制が組まれていった。

読谷、嘉手納、コザでは「黙認耕作地」の取り上げが画策され、糸満町の喜屋武では、米軍がこっそり測量するという事態が生まれ、新規接収の動きが強まってきた。

まさに土地の強奪が全県的にまたがろうとしていた。これは、フイシャワー大使との定期会談を終わったあと、ワトソン高等弁務官の記者会見での談話とあい通じるものだった。

まず彼は「ベトナム戦争と関連して那覇軍港での補給活動が手ぜまになったので新しく軍港を開設する計画がある。これは重要なことで、住民の協力が必要である」とあけすけに基地拡張を公言し、県民に戦争協力を強要してきた。つづいて「全体の利益のために一部の不利益はさけられないことである」と脅迫し、土地闘争を弾圧する態度を示した。最後に「ベトナム戦争がいつまでも続くわけでなく、これが終われば拡張された港湾施設は住民経済に寄与する」と述べたのはこっけいである。恩着せがましく「アメ」をしゃぶらせて、土地闘争を弱めようというわけだ。

米軍の直接の攻撃が昆布にかけられてきた。本来ならば、琉球政府が農民を説得して土地の賃貸借を結び、可能であれば地主との間に「基本契約書」を締結し、これをアメリカに転貸する方法をとるはずだった。

これは、米軍ができるだけ農民との摩擦をさけようとして琉球政府を前面に出したものである。このへんにも米軍のずるさがよくあらわれている。

ところが、琉球政府職員がやっきとなって説得しても、契約に応じる農民はでないばかりか、土地闘争の共闘体制はますますひろがりをもっていった。伊江島、昆布、志喜屋、山里その他、現に土地闘争をすすめているだけでなく、このたたかいに広範な組織労働者をはじめ広範な県民大衆、さらに本土の民主勢力との共闘・連帯が強められていった。

これに業をにやした米軍は、在沖米陸軍地区工兵隊D・I・ロング不動産部長名で「財産取得要求告知書」を二月四日に発し、何時でも強制収用できるかまえをとってきたのである。

告知書には「六六年二月一日付占有権譲渡命令により接収予定地の占有および使用をはじめた」と書かれている。きたる六月十日の契約期限までに契約しなければ、ブルドーザーをいれ、金網を張りめぐらすぞ、というわけだ。

しかし、広範な土地取り上げ反対の大衆闘争の発展とともに立法院において「米軍使用土地強制接収に関する反対決議」が全会一致で採択されたのをはじめ、知念村議会でも「地形測調及び新規土地接収反対に関する決議」がなされるなど急速に土地接収阻止の世論が盛り上がっていった。

このような情勢におされて、米軍地区工兵隊（DE）は、期限の切れる六月十日になって具志川村当局に昆布の強制接収は十月七日まで向こう一二〇日間延期すると通告してきた。これは、いわば農民の団結を切り崩すための期間である。

米軍の忠実な部下である琉球政府久貝法務局長は、接収延期について「これは政治的、手続き上の配慮にもとづいたもので接収しないということではない。政府としては布令によって義務づけられているので関係地主の意向を打診し、米民政府に文書で報告しなければならないので、その手続きをとることになろう」と自ら切り崩しの先頭に立つことを白状している。

一方、天願の軍桟橋はすでに活動を開始していた。五日に一回のわりに軍用船が横づけされ昼夜かまわず武器、弾薬、資材など軍需物資が運び出されていた。しかし、物資集積所が建設されないため、いちいち遠くの倉庫から運んでこなければならないので米軍にとって不便このうえなかった。それだけに、接収予定地の二万坪が早く欲しかった。

しかし、「一坪たりとも米軍にわたさない」という農民の決意を中心にした全民主勢力の断固たるたたかいのまえに、米軍は再び接収延期をせざるをえなくなった。

米軍側にあせりが見えはじめた。彼らは、あせり出すと何をやらかすかわからない。二回目の接収延期をかちとった直後から、米軍は毎日のように団結小屋の上空をヘリコプターで飛びまわって威圧し、晩にはMPがやってきて中の様子をうかがおうとする。

夜中に何者かによって支援団体旗が持ち去られたり、石が投げこまれたりした。

そして、ついにジープで乗りつけてきて闘争小屋に放火する事件まで発生した。一九六六年十一月十二日午後十時頃のことである。幸い発見が早くて消し止められたが、闘争小屋に泊っていた人たちは、四人の米兵があわててジープで逃げ去るのを目撃している。

また十二月二日午後十二時頃、一二名の完全武装兵を乗せたジープ二台が闘争小屋の前に停り、そのなかの一人が闘争小屋入口の立看板(英文で土地取り上げ反対と書いてある)を持ち去ろうとしたので、これを目撃した農民が抗議し、他の一人が写真をとろうとしたのであわててジープで逃げ去った。その時、ジープの中の米兵がカービン銃で威かく発砲するということも起こった。

そして、とうとう米兵が集団で闘争小屋を襲撃するという事件が発生した。その時の状況を佐久川末子さん（佐久川会長の娘さん）はつぎのように語っている。

……六六年十二月三十日の午後七時頃プロパンガスのカラでつくった団結小屋の鐘がはげしく鳴りました。そのとき私は小屋の中にいましたが、外に出てみると三十数名の米兵が両手に石をもってやってきました。みんな厚着をしています。指揮官が右手で合図すると米兵の隊列がとまって二人がかりで団結小屋の前に立ててある旗ざおを折りはじめました。その時、伊江島土地を守る会の旗は鉄のパイプで立ててあったので二人がかりでも折れないのでその旗だけのこりました。

米兵は、左手に石、右手にコン棒をもってそのつぎに団結小屋の方へおしよせてきました。団結小屋の中には二〇人ぐらいいました。私はびっくりして、戦争はもっとひどいのかなあと思いました。そしてどうせ生きて帰れないのならやっつけてやろうと思ったら不思議に気持が落着きました。これほど大変なことがあったのに私は無気味な静けさがただよっている気がしました。その晩は月夜だったのですが、月がまっ赤に見えました。父は、米兵から石を投げられましたが、さいわい無事でした。そして、たった一つのこった伊江島の旗をふところにいれていました。

翌朝、米軍の突堤の方へいってみました。タキ火をして旗ざおを焼いたあとが残っていました。

指揮官の合図で襲撃が開始された。これは明らかに計画的、組織的襲撃である。

おきまりの反共、反人民党攻撃もやられた。発送人不明の「住民の皆さんに訴える」と題したビラが地主あてに発送されてきた。そこには、「人民党が指導した事件で円満解決したことがあったかどうか。人民党は本心から問題の早期解決を望んでいるのではない。反対闘争を利用して一人でも多くの党員を獲得することが目的である」と人民党を中傷、誹謗し、「闘争小屋が米軍人の襲撃を受けたのは、宣伝ビラ、闘争小屋周辺に立てられた人の心を刺激するようなプラカード、旗などがその原因である」と民主勢力の団結と連帯を破壊しようとし、「ベトナム侵略、アジア侵略のための基地強化が昆布の土地接収の目的ではない、人民党の言っていることは根も葉もない真赤な嘘である」といった内容のものである。

デマ宣伝はあくまでもデマであり、人を信じこませることはできない。ましてや、連日連夜、眼下に見える米軍の天願桟橋からマリン隊によって軍事物資が積み出されており、米兵による団結小屋襲撃事件など米軍の侵略的本質を見抜いている農民たちは、この怪文書のデマ宣伝を一蹴した。

そして、敵がデマ宣伝をはじめたことは、敵がいよいよ追い込まれてきたことを物語るものであるとして、一層たたかう決意を固めていった。

この決意は、土地接収阻止をたたかう全県民の決意でもあった。この決意をより確かなもの、より組織的なものとして高め、強めていこうという熱意がやがて実を結んでいった。

〝侵略戦争のために一坪の土地も渡すな〟の合言葉のもとに、五月二十八日「全沖縄土地を守る会連合会結成総会」が那覇市でひらかれたのである。

伊江島、昆布、志喜屋、山里、宮城島、読谷、コザ、寄宮など土地接収反対、黙認耕作地取り上げ反対でたたかっている各土地を守る会から参加し、高らかに土地を守りぬくことを宣言した。

この総会には、沖縄の土地闘争のひろがりを反映して、本土の民主勢力からも熱烈な連帯のメッセージが送られていた。

会長に選ばれた阿波根昌鴻伊江島土地を守る会会長は「われわれは、バラバラになっていては土地を守ることはできない。沖縄県民は団結の力で要求をかちとってきた。悪魔は真理をおそれ、侵略者米軍はわれわれの団結の力をおそれる。力を結集して土地を守り、ベトナム侵略基地に一坪の土地も渡してはならんという固い決意で、土地と平和を守り、基地撤去、祖国復帰をかちとるためにたたかいぬこう」と力強いあいさつをした。

土を愛し、祖国を愛し、平和を願う農民の心、全県民に通じる決意表明であった。

こうして五年七ヵ月余のたたかいをへて、昆布の土地闘争は、一九七一年七月二十四日歴史的な勝利をかちとったのである。

この勝利の意義ははかりしれないほど大きい。この昆布の土地闘争いらい、沖縄県民は一坪も米軍に土地を渡さなかった。知念村の志喜屋、山里、糸満町の喜屋武における新規土地接収の阻止、宮城島も勝利した。

そして、伊江島はますます自らのたたかいに確信をもってたたかいを前進させている。

そして、きわめて危険で屈辱的な沖縄協定が結ばれて自衛隊の沖縄配備、軍国主義復活、米軍基地の維持強化のための新たな土地強奪が計画されているなかでかちとられた勝利の意義は大きい。

すなわち、防衛施設庁の「公用地等の使用に関する暫定措置法」という、布令にも劣らない悪法をかかげての攻撃にたいして、広範な軍用地地主と県民大衆は、契約拒否、軍用地解放の要求をかかげて大きくたたかいを盛り上げている。

昆布の不屈なたたかいの勝利がこれを励まし、沖縄協定反対、沖縄全面返還、安保条約廃棄の全日本人民の壮大な闘争の発展の重要な教訓となっていくことは明らかである。〝昆布のようにたたかおう〟という合言葉がすでにかわされている。

Ⅵ　十二年ぶりの本土

1　渡航をかちとった力

一九六七年九月十六日沖縄県祖国復帰協議会から日本政府南方連絡事務所（南連）へ出された私の「日本渡航証明書発給申請書」にたいし、同年十月十二日のあさ、申請書が許可された旨、南連から直接私あてに電話連絡があった。復帰協の仲宗根悟事務局長、宮里政秋人民党代表復帰協執行委員と三人で南連にいき身分証明書と書かれた旅券を受けとったのはその日の午後二時であった。

そして「身分証明書」をもって羽田空港についたのは十月二十日午後零時五十一分。空港には、多数の仲間たちが待ちうけていた。心あたたまる「瀬長さんよくいらっしゃいました」の小集会のあと記者会見をおこない、本土の同胞に真心をこめて団結と統一のステートメントを発表した。

私が戦後はじめて本土に渡ったのは一九五六年八月二日であった。名刺の肩書きには「四原則貫徹沖縄県民代表、沖縄土地を守る協議会理事」とある。このときの代表団は喜屋武真栄（教職員会事務局長）、亀甲康吉（全逓委員長）、喜舎場順（琉大学生会長）、尚詮（沖青協会長）、兼次佐一（社大党書記長）と私の六人、私は団長であった。この代表団は同年七月那覇高校校庭でひらかれたプライス勧告粉砕、四原則貫徹県民総決起大会に結集した一〇万余のかんこと拍手の嵐のなかで選ばれた。この大会は「日本の領土沖縄の土地を一括して買いとろうとするプライス勧告を粉砕せよ」、「一坪の土地もアメリカに売り渡すな」、「領土主権を死守せよ」を骨子とする土地を守る四原則が統一スローガンにかかげられ、文字どおり家族ぐるみ、県民ぐるみのたたかいに発展した。

私は、「外国人である奄美大島のものが沖縄で祖国復帰運動するのはけしからん」と県外追放の軍命令をうけていた大島出身の人民党員をかくまったという罪名で逮捕、投獄され、二ヵ年の刑期を終えて、同年四月九日沖縄刑務所から釈放された。それからわずか四ヵ月足らずで県民代表に選出された。アメリカ占領軍にとって「好ましからざる人物」のイの一番であったはずである。だから当然のことながら、本土渡航をたやすく許可する意図をもっていなかったことは容易に推察できる。しかし拒否した場合、土地闘争にさらに油をそそぎ、県民の怒りはいよいよはげしいものとなり、占領者にたいする抵抗の戦列はますます固められて強大なものに発展する。その結果は沖縄基地の機能を十分果たせない危険な状態に追いこまれる。占領軍はこのことを計算にいれて一歩後退を余儀なくされた。代表団はこうして同じ日にパスポートをかちとって空路上京した。当時本土でも砂川基地拡張のために米日支配層が強奪におそいかかった土地を死守せよの砂川の土地闘争が発展しているときであった。

2　一六回にわたる渡航拒否

本土における土地闘争も沖縄の四原則貫徹の県民ぐるみのたたかいと団結し統一してたたかう態勢が徐々にかためられつつあった。原水爆禁止運動も分裂しておらず、統一して発展し、第二回原水爆禁止世界大会にはわれわれ六名の代表団が参加して沖縄における米侵略軍の基地拡張政策に断固反対してたちあがっている県民のたたかいを具体的事実にもとづいて説明し、本土・沖縄のたたかいの統一を真心をこめて訴えた。このように本土・沖縄の統一闘争のたえまない前進、その力が第一回目のパスポートをかちとった力であったことは明らかである。

この十一年間とざされたパスポート拒否の金網を粉砕し、〝違憲訴訟の原告として東京地方裁判所に出廷するため〟、と明記して提出した渡航申請を拒否することのできない窮地に米日反動をおいこんだ力も、同じく本土・沖縄の人民の団結と統一闘争の発展であった。

3 違憲訴訟法廷にのぞんで——歴史の証言

私が原告として出廷し、陳述をした沖縄違憲訴訟第十三回公判の口頭弁論は、十月二十日午後三時五十分から、東京地方裁判所 民事第三部（緒方節郎裁判長係り）第六号小法廷でひらかれた。法廷に出る前に、訴訟代理人鎌形主任弁護人をはじめ一六人の弁護団と打ち合わせを行ない、陳述の骨子をまとめた。弁護団のほかに、沖縄県人会長神山政良氏、岩垂総評国民運動局長、大木同運動局員その他労組、民主団体代表なども打ち合わせに参加した。

鎌形主任弁護人から、いままでの法廷闘争の経過と内容についての報告のあと五、六名の弁護士からそれぞれ意見がのべられたが、最後に、いままで出された弁護団の意見は原告の陳述を規制するものではない、これらを参考にして原告は考えていることを自信をもってのべることが大切であるとの結論に達し、出廷、陳述の準備行動を終えた。

打ち合わせの最中、日本政府を代表し、サンフランシスコ「平和」条約を結びその第三条によって沖縄と沖縄にすむ日本国民である県民をアメリカに売り渡した張本人、吉田茂元首相が死んだという報道が、新聞記者から知らされた。ときもとき、原告瀬長が法廷に立ち、売国者の反民族的行為を糾弾する日であった。

法廷は、はじめて原告が出廷して陳述するというので共産党、社会党、総評など労組、平和・民主団体、沖縄県人会、県学生会の代表たちがわんさおしかけて廊下はみちあふれるほどであった。それを予想して裁判所ではあらかじめ傍聴券を発行して報道員を含めて傍聴者を七〇人に制限した。当日の口頭弁論は、はじめに鎌形主任弁護人から「沖縄の司法制度からみた人権侵害」の準備書面の概略説明についで高橋弁護人から補足説明があってのち、私は原告として約一時間二十分にわたり陳述をした。

限られた時間で二十二年にわたるアメリカ帝国主義の沖縄支配の実態、違憲訴訟の目的や政治的意義などについて十分のべることはできないと思うので、陳述の内容を第一に、違憲訴訟提起の経過、第二に、アメリカ帝国主義の沖縄支配の実態、第三に、沖縄県民のたたかいと統一要求、むすびの順で整理して述べることにする。

一、違憲訴訟にいたるまでの経過

私の本土渡航申請は、いままで一六回拒否され、一七回目にやっと許可された。那覇の日本政府南方連絡事務所（南連）から交付されたこの白表紙の「身分証明書」なるものをもって、私は、きょう十二時すぎ羽田空港についた。「身分証明書」の内容は二つからなっている。その一つは内閣総理大臣の権限――「日本人瀬長亀次郎は違憲訴訟原告として公判出廷のため本邦へ渡航するものであることを証明する」というもの。もう一つは、沖縄の最高軍事権力者、高等弁務官代理琉球米国民政府公安部長アンダーソン署名の「瀬長亀次郎の出域を許可する」というものである。そして羽田空港で入国検査官署名の「日本国への帰国を証する」のゴム印が鮮明におおされている。

私がはじめに「身分証明書」の内容をくわしく説明する理由は、そのなかにアメリカ帝国主義による沖縄支配の本質と日本政府の、それへの家来としての協力加担の実態が具体的に示されているからである。

いままで本土渡航は極度に制限され、旅券発給の権限も日本政府になかったが、沖縄県民のために旅券法が改正されて、その事務を南連でとれるようになり、本土、沖縄間往来の自由は大幅に保障されたと日本政府は大宣伝している。これが真赤なウソであることは、いまあげた「身分証明書」が明らかにしている。すなわち、日本政府は、本土に渡ることを証明するだけであり、許可権は相変わらず沖縄の高等弁務官がにぎっている。しかも日本政府は、アメリカの発行する旅券の事務を、日本国民の血税によっておこなっており、手続きも琉球政府の出入域管理庁を通じてでないとおこなえないようになって全く複雑になっている。アメリカは沖縄を日本から分離して支配しているので日本本土を外国ときめているし、佐藤内閣も沖縄を外国とみなして、沖縄という外国から日本人瀬長亀次郎が帰国したことを証すると政府の公印をおしている。

さて私が第一回目に拒否された渡航申請を出したのは一九五七年の三月である。私は五六年十二月の選挙で那覇市長に当選した。アメリカ軍事権力者とその手先どもは、合法的に当選した瀬長を市長の椅子から追放するために常識では考えられない恥知らずな弾圧を加えた。しかし市民はそれに屈せず抵抗をいちだんと強めた。私は人民党の公約であった「那覇市への戦災復興費と義務教育費の全額国庫支出を日本政府に要求するため」と目的を明記して渡航申請をした。これにたいしてアメリカは補助申請書を私に要求した。この申請書は実に二九項目にわたる宣誓書である。たとえば、①私は共産主義者でありました、②共産主義者ではありませんでした、③なぜそうかその理由、④私は日本でだれだれに会います、などなどである。そして最後に、記載した事項に虚偽があった場合、法により逮捕投獄されても異議ありませんと宣誓するものである。当然、私はこれを拒否した。その後の申請は、このような調子でことごとく拒否されたが、拒否の理由をアメリカは示しえなかった。ただ一回、すなわち本法廷にすでに訴訟代理人から書面で出された〝請求の原因〟に明記されている「アジアの平和のための日本大会」出席のために申請した渡航証明書を拒否したとき、米国民政府スポークスマン発表として拒否の理由を明らかにしたことがある。

それは一九六五年三月一日付で、その骨子はつぎのとおりである。

共産主義路線の追随者として知られている瀬長亀次郎氏の出域申請は好意的に考慮されなかったこと、沖縄基地は反共基地であること、米軍基地と米軍隊は、西太平洋地域を侵略しようとする共産主義者の陰謀を粉砕するものであること、瀬長氏はこの陰謀の積極的な活動者であること

などをあげ、最後に出域を拒否したアメリカの行為は、

すべての自由を愛し、平和を愛する国民に支持されるであろう。

とむすんでいた。

これにたいして私は時を移さず、沖縄人権協会にも提訴した。同協会はただちに理事会を開いてそれは不法不当に人権を侵害するものであると決定して、立法院や行政府、高等弁務官あてそれぞれ要請書を出した。

人権協会は、
瀬長氏の渡航拒否は同氏が共産主義の同調者であり、同氏の出域は米軍の安全保障を害する恐れがあり、軍事機密にもとづいてなされた、とその理由を明らかにしているが、今回の瀬長氏の渡航目的が「アジアの平和のための日本大会」に出席するものであり、何らそのことが犯罪的行為でないものである以上、同氏の思想、信条の如何によってその渡航を拒否することは同氏の基本的人権を不当に制限するものであって、人権に関する世界宣言第十五条第二項の規定にも違反するものである。

この理由を示しての私の渡航申請拒否事件は、当然のことであるが、軍事権力者の意図に反して県民の憤激を買った。私は沖縄県祖国復帰協議会加盟の人民党委員長である。復帰協が渡航拒否による損害賠償事件として東京の裁判所に訴訟をおこすことをきめたとき、私は進んでそれに応じた。

理由はいろいろあるが、その一つとして日本国憲法は、

一、何人も公共の福祉に反しない限り居住、移転および職業選択の自由を有する（第二十二条）。

二、思想および良心の自由は、これを侵してはならない（第十九条）。

三、集会、結社および言論、出版その他一切の表現の自由は、これを保障する（第二十一条）。

など、おかしてはならない国民の権利を規定し、保障している。サンフランシスコ「平和」条約第三条によってアメリカ帝国主義は二十二年にわたって沖縄を占領支配しているが、これは日本国憲法に照らしても違法であり、無効であると私は信じてうたがわないからである。

二、アメリカ帝国主義の沖縄支配の実態

アメリカ帝国主義侵略者が沖縄に侵入してきたのは一九四五年四月である。それ以来今日まで実に二十二年にわたり、「平和」条約が結ばれ、発効したにもかかわらず、相変わらずアメリカは沖縄の軍事占領支配をつづけ、沖縄県民を軍事的植民地的支配のもとで苦しめ、搾取、収奪し、土地を武力で強奪し、民主主義と政治的自由を奪い、基本的人権すらふみにじっている。私は陳述の冒頭、本土・沖縄間の往来の自由が基本的に許可制のもとで奪われていることを具体的事実をあげてのべた。ところが沖縄県内ですらアメリカ侵略軍は県民の往来の自由、歩行の自由を奪っている。具体的事実を二つだけあげる。

①全沖縄軍労働組合（全軍労）は、いま、沖縄基地で働いている労働者の生活向上と労働権

をかちとるためにたたかっている。全軍労幹部が、基地労働者の経済要求をとりあげ宣伝活動をした。

一九六七年四月十一日基地に通ずる公道でビラを労働者に配った。ところがアメリカのMPは、上原康助委員長ほか組合指導者を不法に逮捕し、宜野湾市普天間の警察署に留置した。理由は軍布令に違反して、基地内でビラをまき、組合活動をしたというのである。しかしそれは事実に反する。そこは北谷村米軍基地ゲート前の公道であった。

労働者をはじめ勤労県民の怒りは爆発した。警察当局も留置する法の根拠がないのでとうとう釈放せざるをえなかった。米軍も弾圧の口実をこれ以上みつけることができずに釈放に同意した。これは沖縄の労働者が基本的人権である労働権すら軍布令によって奪われ、しかも公道で歩行する自由を奪われていることを赤ん坊でもわかるように明らかにしている。

②那覇市字具志の農民は、自分の畑に行く権利すら奪われている。アメリカ侵略軍は、必要でない土地すらとりあげた。沖縄に「黙認耕作地」というものがあるが、それはぼう大な耕地を強奪しすぎて、そのうちからすぐ使う必要もない部分を耕作することをアメリカ軍が「黙認する」というものである。具志の農民たちはこの「黙認耕作地」をたがやし、砂糖キビや野菜を植えつけた。同耕作地にいくためにはパスが必要である。パスポートである。ところで那覇空軍基地内のAPは、一九六七年七月二日具志の農民たちのパスをとりあげた。そして現在まで渡していない。理由は、私は人民党支持者でありますとか強制された調査書——宣誓書——

を提出しないからだというのである。このことはヘーグにおいて結ばれた陸戦法規――占領軍は被占領住民を強制して宣誓させてはならない――すら無視、じゅうりんして人権を奪っているにとどまらず、自分の土地を耕作するための歩く自由まで奪われている沖縄の農民の苦しみの実態を明らかにしている。

それだけにとどまらない。沖縄本島の水源地はアメリカ占領軍によってことごとく奪われている。水源地を奪われ、県民は自分の水をただでのむ自由もなく、アメリカから水を買ってのみ、かろうじて生きている。しかし、沖縄本島最大の基地、嘉手納空軍基地周辺の人びとはその水、自分の屋敷内の井戸水をのむ自由すら完全に奪われてしまった。この小ビンの中味は、その井戸から汲んできたガソリンである。井戸は水が出るのではなく、ガソリンが湧き出るのだ。これらの井戸はフタをかけられ、その前に〝火気厳禁〟の立札が赤字で書かれてたてられている。井戸水は火を消すのにつかわれるのが普通である。しかし基地周辺の井戸は逆に火をふきあげるのである。そのガソリンはアメリカのベトナム侵略戦争の北爆の主力B52機に給油するKC135の給油機が嘉手納基地にたむろしている、これから流れ出した最も揮発性の高いガソリンである。

米軍は、嘉手納村民の損害賠償と〝水よこせ〟の要求になんとこう答えた。「米軍機から流れ出したガソリンの量は一五〇ガロンに過ぎない、井戸水をガソリンにするほどの量ではない。これは元日本軍のおき忘れたガソリンのためであろう」と。

日本空軍はたしかにいた。しかしそこは嘉手納村ではなくて、おとなりの読谷村、すなわち読谷飛行場であった。しかしもう飛行機はいなかった。また日本軍には降服しないずっと前からガソリンは一滴もなく、木炭ガスを使ってビッコを引きながらやっと動いている軍用車しかもっていなかったのだ。侵略軍のウソは沖縄では常識になっている。このウソは日本人民にたいする最大の侮辱であり、大挑戦である。嘉手納村民をはじめ勤労県民はこの損害賠償をかちとるにとどまらず〝水よこせ〟の闘争を発展させ水をのむ自由をかちとるたたかいを絶対にやめないであろう。

三、県民のたたかいと統一要求

沖縄県民は、いま、アメリカのベトナム侵略戦争が凶暴に拡大されるなかで米軍による土地強奪にたいして、はげしい不屈な土地を守る闘争を進め、過去一年あまり、一坪の土地も米侵略軍に渡していない。

土地闘争と結合して民主主義と人権を守るたたかいも発展している。

一九六六年夏、高等弁務官はすでに御承知の裁判移送命令を出した。これは瀬長を那覇市長から追放するために改悪した布令、「重罪または破れん恥罪を犯したもので高等弁務官の特赦がない限り立法院議員の被選挙権を有しない」にひっかけられて、その選挙区で第一位になった社会大衆党公認の友利隆彪氏が、当選を無効にされた。この事件は法廷にもち出され、中央巡裁は、「同布令は大統領行政命令にすら違反しているので無効であり、友利隆彪氏を当選人とする」との判決を下した。これが有名な前田判決である。それは上訴裁でも同じ判決をする情勢になった。沖縄の軍事的植民地的支配にとって不利と見た高等弁務官は、上訴裁にたいして「審理をやめすみやかに同事件を軍裁に移送すべし」の命令を出した。

組織労働者を中心とする祖国復帰民主勢力は、裁判移送撤回県民共闘会議を結成して統一のたたかいを発展させた。この闘争はついに、砂川布令議員を立法院からたたき出し、友利氏を立法院に送ることに成功した。それにとどまらず、瀬長追放布令といわれていた例の被選挙権剝奪条項を削除させるという歴史的勝利をかちとった。このような米軍の銃剣の前でのはげしいたたかいを通じて、今や、基地撤去、米軍撤退はしだいに広範な県民の要求となり、「平和」条約第三条撤廃、「安保」破棄による沖縄・小笠原の即時・無条件・全面返還の要求は沖縄県民のたたかいで断固として掲げられている統一スローガンになっている。

ポツダム宣言をふみにじり、「平和」条約第三条によって沖縄を本土から分断支配する権限、その第六条と「安保」条約によって全日本に駐留する権利をかすめとったアメリカ帝国主義の侵略と、その家来となって沖縄をアメリカに売り渡して以来、沖縄の米軍による分離支配に協力、加担し、その共犯者となっている日本独占資本とその政府がおこなっている日本国憲法をふみにじった反民族的反人民的犯罪行為こそ県民のいっさいの苦しみの根源である。

むすび

この沖縄にすむ百万近い日本人民の法と正義にかなった国民としての当然の要求、侵略者の銃剣と対決して妥協することなく断固として二十二年間たたかいつづけてきた沖縄県民の法にかない正当な要求に耳をかたむけ、前田判決に示された日本人民の良心の輝き、その日本民族としての誇りにみちた良心をもって、この法廷における裁判官が、わたくしたち原告の主張の正しさを法廷で実証してもらえるだろう期待をもって陳述を結ぶ。

法廷における陳述は終わり、弁護団とともに廊下に出た。入廷できなかった一〇〇人あまりの仲間たちに心からお礼申しあげて、待機していた乗用車で宿舎に向かった。

4　本土の民主勢力との熱い連帯

さて翌十月二十一日は、全国の民主勢力が総決起する日である。総評をはじめとする労働者と労働組合は、英雄的なベトナム人民との堅い連帯の決意に燃えて、アメリカの凶暴なベトナム侵略と佐藤内閣の加担、協力政策を糾弾し、生活と権利を守る切実な諸要求の実現をめざして、全国各地でストライキ、職場集会、デモ、宣伝、署名運動をくりひろげた。この日、順法闘争三日目にはいった国鉄労組につづいて民放労連、全自交、全自運、出版労協、全印総連、全日自労、全国金属、医労協などの各傘下労組がストライキを決行、また検数共闘をはじめとする港湾労働者が横浜、神戸両港などでストライキにはいった。

一方、全国の民主勢力はこの労働者のたたかいに呼応して各地で集会・デモをおこない、宮城、福岡、長野など一四県では共産党、社会党、労働組合を軸とする県段階の統一集会がひらかれ、ベトナム侵略反対、沖縄・小笠原の即時・無条件・全面返還、小選挙区制粉砕、物価値上げ反対など当面の緊急課題にこたえて民主勢力の共闘をさらに強める決意をかためた。沖縄では辺戸岬から沖縄かえせの足音たかく大行進が出発した。

この日、国民に訴える私の日程は、東京・新宿区の明治公園における「沖縄・小笠原の即時・全面返還、アメリカのベトナム侵略反対、佐藤内閣の戦争協力抗議、エンタープライズ寄港阻止、10・21統一行動中央大集会」に参加することであった。この大会は午後二時と同六時の昼夜二回にわけて開かれ、両方で六万人の勤労大衆が参加した。私は都合があって昼の大会には参加できなかったが晩の大会に参加した。

この大会は、総評、中立労連、東京地評、東京中立労連の主催でひらかれたのであるが、岩井総評事務局長が決意表明をしたあと共産党、社会党、復帰協の本土オルグ団長桃原用行氏があいさつしたのち、とくに議長団から「米軍の恥知らずの弾圧のため十二年間もパスポートを拒否されつづけていた人民党委員長の瀬長亀次郎氏が昨日、違憲訴訟の原告として出廷するため東京入りできました。瀬長氏のごあいさつをうけたいと思います」と紹介された。われるような拍手のなかで登壇して真心をこめて訴えた。

およそ一ヵ月間、本土に滞在した私は、十二年ぶりに見る祖国の美しい山や川、自然を十分に味わう間もなく、東京をはじめ、神奈川、京都、大阪、名古屋、北海道、福岡、鹿児島、奄美大島など全国各地をまわり、現地沖縄のなまなましい状況を報告し共闘をよびかけた。

「瀬長きたる」の知らせに大・中・小の集会に多くの人たちがつめかけてきた。

共産党、社会党、美濃部東京都知事訪問、総評をはじめ主要労組、平和委員会、沖縄小笠原返還同盟、原水協、AA連帯委員会、民青同盟、新婦人の会などその他無数の民主団体へのあいさつ、『週刊朝日』、『朝日ジャーナル』での紙上討論、講演会、歓迎集会等、まったく息もつけないいくらいだった。

千葉県三里塚の新空港反対闘争の現地にも足をのばし、北海道では自衛隊基地に反対してたたかっている野崎さん一家とも交流を深め、共闘を誓いあった。

まさに、日に夜をつぎ強行スケジュールであった。

しかしこの間に示された本土の民主勢力の熱意あふれる取り組みは、ただ単に私個人にたいする「歓迎」というだけでなく、はっきりと本土における沖縄全面返還闘争の前進を物語り、沖縄県民との共闘の強化を深く自覚したものであった。

それは、私の本土滞在中に発表された佐藤・ジョンソン共同声明にたいする敏速で怒りにみちた抗議行動の発展にはっきりとあらわれていた。

私の本土渡航の実現は、改めて強調するまでもなく沖縄から本土への渡航制限撤廃の突破口となり、本土と沖縄の共闘の前進に一定の貢献をすることができた。

VII　日米沖縄協定

1　欺まん的な「返還」論と日米共同声明

米日反動勢力がどのような悪らつな手段をつかい、弾圧を加えようとも人民のたたかいをおしとどめることはできない。

佐藤首相訪沖反対の大きな盛り上がりは主席公選を要求するたたかいへと引きつがれた。一九六六年には、昆布土地を守る会の結成に象徴されるように全県的な土地闘争が裁判移送撤回闘争と結合して〝島ぐるみ〟的な様相を示し、米日反動を窮地に追いこんでいった。

米日反動は後退しながら分裂策動を県民のなかに持ちこんできた。

その第一弾が六六年八月十六日に沖縄を訪れた森総理府長官の「教育権の分離返還」論に端を発した「機能別分離返還」論である。

沖縄人民党は、いちはやくこの「返還」論が県民の統一のたたかいを分裂させ、米日反動勢力の売国と侵略の本質をおおいかくすものであるとしてその粉砕を全県民によびかけた。

教公二法阻止闘争の項でもふれたように教職員会の一部幹部のなかには「教育権の分離返還」を足がかりに「完全復帰」に進めるのではないかという幻想をもつものもいたが、県民は「教公二法」を廃案にすることによってこのような「返還」論に回答した。

第二弾は、いわゆる「下田発言」といわれる「核基地つき返還」論である。下田はその時に「極東の緊張した情勢が完全になくならないうちに、沖縄の施政権の全面返還を実現させようとするなら、アメリカ軍に沖縄基地を自由に使用させるかどうかについて、日本国民がはっきりした態度を示す必要があろう」と発言し、国民を脅迫しているが、その意図する内容は佐藤・ニクソン共同声明、日米沖縄協定にも貫かれているといってよい。

このようななかで六七年十一月第二次佐藤・ジョンソン共同声明が発表され、安保条約堅持、アジア侵略への協力・加担が再確認された。そして沖縄については「両三年内に返還の時期をきめる」という発表がなされた。

これは、私の本土渡航実現、燃える井戸水、B52の常駐・ベトナム出撃にたいする県民の怒りの闘争と、引きつづいて発展してきた主席公選要求のたたかいに水をさし、あわよくば分裂させようというものであった。しかし県民は「両三年以内」の宣伝に惑わされなかった。

全軍労はついに団交権を高等弁務官に認めさせ実力闘争にたちあがり、民主勢力は戦後最大の政治戦といわれた沖縄三大選挙で革新屋良主席を生みだし、Ｂ52墜落爆発事件は「生命を守る」ことを合言葉に超党派、県民総ぐるみの「生命を守る県民共闘会議」を生みだした。は、二・四ゼネストは中止されたが、壮大な統一行動と全軍労の英雄的な連続ストライキ闘争は、全県民の支持のもとに極東最大の沖縄米軍基地の機能をマヒさせるまでに前進した。

この県民のたたかいは、のろわれた毒ガス兵器の存在が暴露されたためにいっそう大きく燃え上がった。この怒涛のように前進する県民のたたかいの前に米日反動勢力は、「異民族による沖縄の軍事支配は限界にきた」と悟らざるをえなかった。

この情勢分析のうえに立って出されたのが、六九年十一月十九日の佐藤・ニクソン共同声明である。そして「核ぬき、本土なみ、七二年返還」が鳴物入りで宣伝された。

いわば欺まん的な返還論の総仕上げである。

佐藤首相は、「米国と米国民の歴史的な決断に感謝する」と恥しらずな発言をしているが、実際はその前後の沖縄県民を含む日本人民の激烈な返還運動の前進におされて「返還」を口に出さざるをえなくなったのである。佐藤首相が日米沖縄協定について「軍用地の継続使用は返還の前提である」とその所信を表明したことにもみられるように、その内容は徹頭徹尾沖縄の返還を約束したものではなく、「返還」を道具に核基地の強化・拡大、日米共同管理によるアジアと西太平洋全域にたいする侵略基地強化をねらったものである。

したがって沖縄県民はだれ一人としてこの共同声明を信用していない。沖縄「返還」の日米秘密交渉に抗議し、糾弾のホコ先を鋭くして沖縄県民は、ゴーホーム・ヤンキーのたたかいを大きく前進させていった。

2 かちとった主席公選

十一月十一日の開票日、那覇市はたいへんなさわぎだった。屋良さんの主席当選と、それにくわえて那覇市の八選挙区のうち革新統一候補が六議席を占めたのだから無理もない。街角には〝当選御礼〟のポスターが筆跡もあざやかに張り出され、屋良さんを先頭に革新議員団の宣伝カーによるパレードがくりひろげられた。

「世変りがはじまった」と興奮して叫ぶ声が期せずして起こった。米軍の不当な被選挙権剥奪によって正当な権利をうばわれつづけてきた人民党の瀬長候補は、裁判移送撤回闘争で被選挙権を奪還し、「晴れて」立候補していた。

それだけに私個人だけでなく、人民党をはじめ革新共闘に結集した民主勢力にとって瀬長の当選は大きな喜びと感激をもってむかえられた。

「瀬長当確」が発表されたとき選挙事務所はたいへんな興奮につつまれた。

「ウォー」と大声をあげてとび上がる人、だれ彼なしに抱き合い、手を握り合い、肩をたたきあって喜びあい、泣きだす人もいる。スクラムが組まれ、力強く感動的な「沖縄を返せ」の大合唱がはじまる。

瀬長の選挙区である第二十一区革新共闘会議の仲吉議長が「団結の勝利だ」とあいさつするのをみんな深くうなずいて聴いている。

それは文字どおり祖国復帰民主勢力の団結の勝利であった。

一九六八年二月一日、ジョンソン米大統領は、大統領行政命令を改定して「行政主席」の公選制を認めると発表した。ねばり強い県民の主席公選要求のたたかいに追いこまれたためであった。

この公選制の発表は、アメリカ帝国主義の沖縄にたいする軍事支配の小道具であると同時に支配機構の一部である琉球政府の本質を変えるものではなかったが、しかしもし民主勢力の代表が主席の座を占めることができるならば祖国復帰民主勢力のたたかいに有利な条件を作りだすことができることは明らかであった。

人民党、社大党、社会党の革新三政党と労働組合、民主団体は、六月五日「明るい沖縄をつくる会」（主席・立法院議員選挙革新共闘会議）を結成し、七項目の統一綱領を決定し、主席候補に屋良朝苗氏、全選挙区に統一候補を立てることを確認した。

団結の中心となる統一綱領は、

一、対日「平和」条約第三条撤廃、即時無条件全面返還。

一、アメリカのベトナム侵略反対、安保条約反対、B52および核基地、軍事基地の撤去を要求し、県民の生命・財産を守り、平和な沖縄をきずく。

一、大統領行政命令、布告、布令の撤廃。日本国憲法の適用と公職選挙法にもとづく国政参加の実現、渡航制限撤廃、自治の拡大、自由と人権と民主主義をかちとる。
などと明記され、広範な民主勢力を結集した。

共闘会議の体制は単に政治的な団結のみならず、組織方針まで徹底されていた。たとえば、二十一区では県労協加盟で官公労委員長の仲吉良新氏が議長をつとめており、人民党公認の仲松庸全候補の第十六区の体制はつぎのようになっていた。議長久高友敝（那覇市議・無所属）、事務局長佐久川寛貞（社大党）、幹事中今信（琉大助教授）、組織部長久手堅憲夫（人民党）というふうであった。

佐久川事務局長は、まえの立法院選挙まで人民党の仲松候補の相手候補の選挙参謀をつとめていた人である。

この人たちを中心に、年休をとってきた自治体労働者、教員、農民、商売人、学生などが自主的に結集してきた。ポスター張り、ビラ配りがたちまち終わってしまうという機動力と戦闘性もいかんなく発揮された。

これにたいして、政策をもたない自民党は反共宣伝を露骨に加えてきた。

「共闘会議、教職員会はアカだ」「アカの先生から子どもを守ろう」にはじまって「明るい沖縄をつくる会は沖縄を破壊する会だ」「屋良朝苗は日共のかくし党員だ」などありとあらゆる低劣な言葉をつかって攻撃してきた。

第二十一区では、私の宣伝カーの前で「みなさん、あの瀬長をみて下さい。彼は共産主義者で、この沖縄を共産化しようとしている張本人です。彼が当選すれば沖縄は共産化され、中共軍がこの沖縄へ侵入してきます」などといった中傷・誹謗が公然とやられ、また「イモとハダシ」論がふりまかれた。

だが「即時・無条件・全面返還」を高くかかげ、七項目の統一綱領のもとに固く結集した祖国復帰民主勢力は、自民党のこの悪らつな攻撃をはねかえし、本土の民主勢力の力強い支援、共闘に支えられて見事、二三万七五六五票を獲得し、自民党の西銘に三万一〇〇〇票の大差をもって屋良候補の当選をかちとったのである。

同時に立法院議員選挙においても、議席は、自民一八にたいして革新一四となったが、得票率では五一・八%と過半数を制したのである。

またつづいておこなわれた那覇市長選挙でも、那覇市政革新共闘会議の平良候補（社大党）が自民党候補をやぶって八年ぶりに那覇市政を革新の手にとりかえした。

この歴史的な沖縄における統一戦線の勝利は、ひきつづきB52撤去、生命を守る県民共闘会議の結成へと発展し、本土の民主勢力との共闘・連帯を大きく促進していく役割を果たした。

またこの勝利は、人民の敵のわずかな譲歩でも全民主勢力が力を結集し、攻撃を加えるならば、そこから大きなたたかいの展望を切り開くことができることを教えた。

3　B52撤去、生命を守る県民共闘会議

「グアム島は台風でね」といってB52戦略爆撃機が沖縄の嘉手納基地に飛んできたのは、一九六八年二月五日だった。

その日からB52は、「出ていけ！」という県民と本土の民主勢力の抗議の声を無視してベトナムへの渡洋爆撃をつづけた。

耳をつんざくような激しい爆音は、村民の生活を混乱させ、学校の授業もできず、聴力が低下し、なかには精神に異常をきたすものもでた。嘉手納村議会は隣村の公民館に会場を移して会議をひらく始末だった。

県民の「B52撤去」の要求に耳を傾むけようともしないのは米軍だけではなく、佐藤内閣も同じだった。

九人の立法院議員団の本土政府への要請行動の件で、人民党の古堅実吉議員にたいして佐藤首相のとった態度が端的にそれを物語っていた。

B52撤去の件で対米交渉をしてほしい、という代表団の要請にたいして、佐藤首相は「B52が移転し、不安な気持はわかる。しかし、戦争が起こるわけではないし、不安を抱くことのないようにあなたがたは説得すべきだ」とうそぶいたのである。

それにたいして古堅議員が抗議すると「君たちは、私に要請にくるというから会ったのだ。

なのに抗議するとは何か。抗議というのを取り消しなさい。でなければ出て行け！」と顔を真赤にして古堅議員につめよったのである。この佐藤首相の売国的態度は、県民の怒りに油をそそぐ結果となった。

そのたたかいが前進していく最中、県民が一番心配している事態が起こった。六八年十一月十九日未明、B52が離陸に失敗して墜落し、大爆発を起こしたのである。「戦争だぁ！」と戸外に飛びだした嘉手納村民、美里村の人びとの目に天をもこがすような炎がとびこんできた。爆発の時の震動で小学校や民家のガラスがこなごなに砕け散った。墜落地点のわずか一五〇メートル近くには、核兵器も貯蔵されているといわれる知花弾薬倉庫のあることがいっそう県民を恐怖と不安のどん底におとしいれた。

ところが、嘉手納村民を代表して抗議にいった嘉手納村長にたいして、嘉手納空軍基地司令官は「B52の事故は交通事故のようなものだ」と言い放ったのである。

交通事故みたいなものでいちいち抗議を受けるのは心外だというわけである。

「そうですか」といって引きさがるわけにいかない。嘉手納村議会はさっそく「基地撤去要求決議」を採択した。これを皮切りに地方議会でもB52撤去要求決議が相ついでおこなわれていった。

一方、人民党、社大党、社会党の三政党をはじめ、労働組合、民主団体の取り組みも急速につよめられ、十二月七日には第一次総決起大会が労働者、農民、青年、婦人、学生、老若男女を問わず全県下から参加しておこなわれた。その日、一五二団体を結集して「B52撤去、原潜寄港阻止県民共闘会議」（生命を守る県民共闘会議）が結成された。

一五二団体が結集して作られた共闘組織は、この「共闘会議」が最大のものであり、文字どおり思想信条、党派をこえた広範な層を結集したものだった。当面一致する要求でこれだけの団体、組織を結集したこの統一戦線の思想はきわめて教訓的なものといわねばならない。共闘会議は結成と同時に「生命を守る」ことを合言葉に県民の総決起をよびかけた。そして一九六九年二月四日に歴史的なゼネストを決行することを決定し、すべての加盟団体と県民にゼネスト成功のための活動開始を指令した。

一方、米軍は無限のエネルギーを内包して盛り上がる県民のたたかいに、懐柔では間に合わないとみてむきだしの弾圧の意図をみせてきた。六九年一月十一日の「総合労働布令」の公布がそれである。

これは、これまでの布令一一六号をさらに改悪し、「軍施設」「重要産業」でのピケ、集会、デモなどを禁止し、スト権禁止の範囲を拡大することによって二・四ゼネストを失敗させ、共闘会議の組織を破壊しようとするものであった。

しかし、怒り天に達していた県民は、この弾圧布令の公布にたじろぐどころかいっそう団結をつよめ、ついにこの「総合労働布令」の実施延期に米軍を追い込んだ。

いっぽうが凶暴な弾圧の意図をむき出しにすれば、いっぽうは切り崩しに躍起となる。これがアメリカ帝国主義と佐藤内閣のみにくい姿である。この時も米日反動は、実に息の合ったコンビぶりを発揮した。

佐藤内閣は、屋良主席を再三東京によびだし、ゼネスト回避に努力するよう圧力をかけてきた。「ゼネストでとりかえしのつかない混乱が起これば本土政府としては責任もてん、また復帰もおくれる」と脅し、「B52撤去については任しなさい」などとその場しのぎの約束をふりまいた。

この結果、屋良主席は、「B52撤去の感触がえられた」という理由で県民共闘会議に「ゼネスト回避に関する要請」を発したのである。

この「要請」は圧倒的な県民の批判を受けたが、労働者のなかで中心的な役割を果たすべき県労協幹部の中に動揺が生まれ、共闘会議に一定の混乱をもたらしてしまった。トロツキスト暴力集団がこの混乱につけいり、共闘会議幹部を軟禁したり、暴力をくわえるなど分裂攻撃もおこなわれた。

こうした攻撃のなかで一部幹部のなかに公然とゼネスト回避の方向を口にするものまで出て「混乱」にいっそう輪をかけていった。

そしてついにゼネストを中止し、統一行動とすることが決定された。

この決定は多くの県民に不満を与えた。だが県民はたたかいを放棄することはしなかった。

「左」右の分裂策動をのりこえて「二・四統一行動」の成功の準備は併行して着実に進められ

ていた。

そして二月四日、朝からはげしい雨が降り、きびしい北風が吹きまくる悪天候のなかで大会はひらかれた。那覇市から嘉手納まで延々三〇キロ、どしゃぶりの雨のなかを行進してきた人びとをはじめ、全県からはせ参じてきた五万人の県民は、沼田と化した嘉手納グラウンドを埋めつくした。

労働者、農民、中小企業者、婦人、青年、学生、宗教家、文化人など風雨のために真赤になった顔は、はげしい怒りとたたかいへの決意がみちあふれていた。

結局、ゼネストは中止された。しかし、この日の統一行動の成功のためにねばり強い努力をつづけてきた経験は、祖国復帰民主勢力にとって大きな教訓となった。

またこのたたかいのなかで生まれた「生命を守る」という合言葉は、今日も全県民、いや全日本人民のたたかいのスローガンとなっている。

4　われわれが検査する

一九六八年の春闘において全軍労がはじめて全面ストライキを決行した。

大幅賃上げ、布令一一六号の撤廃、労働基本権の奪還を叫ぶ基地労働者の要求を米軍がことごとく踏みにじったことにたいし、全軍労に結集する基地労働者が敢然と実力行使をもって不満と怒りを爆発させた。

四月七日にひらかれた全軍労臨時大会は、四月二十日以降、米軍の出方いかんによっては、十割年休行使を決行することを決定した。その先に全軍労は、第十回臨時大会をひらき、春闘方針を、①基本給の大幅引上げ、賃金格差の是正、②労使交渉による賃金決定の確立、③布令労働法の撤廃、労働基本権の奪還、④首切り「合理化」・請負制反対、第四種雇用員の第一種雇用員への切りかえ、⑤退職金の増額という五つの基本目標を決め、春闘の火ぶたを切った。

その手はじめに委員長、書記長ら四役がワシントンに行き、国防省、労働省と交渉がもたれた。しかし結果は、労使交渉による賃金の決定については、①国防省の規則にもとづいてしか賃金の決定はできない。この政策を改めるためには国の法律を改正しなければならない。②主権国家においては、両国の協定の締結によって労使関係が規制される。沖縄の場合は特殊な地位にあって、国防省の政策に従ってしか賃金の決定はできない。③米国政府公務員は、米国公法によって伝統的にスト権、団交権は否認されている等々の回答を得ただけで、みるべき成果もなく帰ってきた。一方、現地米軍は「ワシントンから何らの指示もきていないので、何ともいえない」との回答をくりかえし無責任な態度に終始していた。

労働者が怒らないはずがない。

「アメリカは、委員長や書記長がワシントンに行ったときは現地で交渉せよ、というし、現地はワシントンから連絡がなければどうにもならないという。人を馬鹿にするのもいいかげんにしろ」と語る労働者。

「私たちは、アメリカにお願いするのではなく、自分たちの力で十割年休を断固行使し、人間らしい労働条件をかちとる」と決意を表明する軍港で働く労働者。

職場を基礎にたたかう以外に要求を貫徹する道はない、という組合員の熱気はそのまま大会に反映していた。

大会冒頭、議長団は「いま勝連ではメースB基地が拡張され、その核弾頭はベトナムをはじめ社会主義諸国をねらっている。われわれはこのような厳しい情勢から、米軍が弾圧でのぞんでくることを予想している。しかし、われわれはいかなる弾圧をもはねかえし、今度こそ十割年休を行使してたたかおう」と力強いあいさつをした。

代議員のなかから、「ハチマキは白ではなく、赤にすべきだ」という声もあがり、具体的な問題提起も含めてつぎつぎと報告された。

この〝十割休暇行使〟のたたかいは、全軍労はじまって以来の歴史的なたたかいであることを全組合員がしっかり心にとめ、一人もれなく参加することを呼びかけます。いまこそ、基地労働者の怒りを軍当局にぶっつけるとともに、内外の世論に強くアッピールするために、全組合員が勇気と自信をもって立ちあがろう。

〝闘わざる者に勝利なし〟 しっかりとスクラムを組んで最後まで闘い抜こう。

という〝呼びかけ〟がなされ、六八年四月二十四日、一万四〇〇〇余の全軍労に結集する基地労働者は、はじめての〝十割年休〟実力行使に突入した。

その日、ほとんどすべてのゲイトには赤旗がはためき、赤いハチマキをしめた全軍労と支援にかけつけた仲間たちによって要所、要所が占拠された。

ピケ隊は、基地内に入る労働者をすべて「検問」し、非組合員にも実力行使への協力を訴えた。

「お互いの生活と権利をかちとるために共に十割年休をたたかいましょう」という呼びかけにほとんどの労働者が協力、自宅へ引き上げていった。

とくに全軍労によって出勤を認められた労働者には、全軍労から特別の通行証が発行された。

普段とすべてが逆である。朝夕の出・退勤の時に米軍に屈辱的なパスの検問を受けている労働者は、「今日はわれわれが検査するのだ」と胸を張ってこたえた。

その表情は、たたかう者の誇りと自信があふれていた。「布令一一六号撤廃」「大幅賃上げ」のシュプレヒコールにも一段と力がこもっている。

一方、それとは対照的に米軍は落ちつきをなくし、狼ばいしていた。

米軍憲兵隊は、午前六時に全員野戦服に身を固め、カービン銃で完全武装し、パトカーを全車出動させた。これは異例のことである。

そして、各ゲート前で「ここは軍用地だから退去せよ」「交通の妨害だから退去せよ」とピケ隊を排除、弾圧してきた。

宜野湾市伊佐浜の米軍フォートバクナー入口では、憲兵隊キスラー司令官が自ら指揮をとってピケ隊に襲いかかってきた。

また同じく宜野湾市の真喜志の家族部隊前では、キスラー司令官がカービン銃をもった武装憲兵に護衛されて、「部隊入口は、在沖米軍最高司令官の命令によりたむろすることはできない。ただちに住民側地区に移動せよ」とピケ隊を威かくしてきた。

しかしピケ隊は、武装憲兵をみて「われわれの要求を武力で踏みにじるもの」としてこれを拒否した。そのために武装憲兵隊は、軍用道路一号線を遮断、一列横隊で武力弾圧の構えに移った。緊迫した空気が流れた。

ピケ隊は、スクラムを堅く組みなおして「武力弾圧反対」「布令一一六号撤廃」「労働基本権奪還」「大幅賃上げをかちとろう」とシュプレヒコールを毅然たる態度でくりかえした。

ピケ隊の断固たる姿勢に押されて、ついに憲兵隊は実力行使を断念し、隊形を解除した。

ピケ隊の中から思わず大きな歓声が上がる。

十割年休実力行使は、全軍労に結集する基地労働者の勇気ある決起と広範な県民の支援に支えられて前進し、米軍に重大な打撃をあたえた。多くの基地の機能がマヒした。那覇軍港では、港運労軍港支部が全軍労と歩調を合わせて十割年休行使に入ったので完全に停止。ベトナム侵略のための武器弾薬、軍需品の荷役がストップ。補給基地の中心である牧港の倉庫群地域では、わずかに米兵が物資の移動をしているだけで日頃の活気はどこにも見当らない。米兵だけで、一万数千名の基地労働者の労働が埋められるはずがない。

二十三年間米軍にいじめられてきた基地労働者の怒りの爆発が完全に米軍を圧倒したのだ。この全軍労初の十割実力行使は、米軍に賃上げを認めさせる具体的な成果をかちとると同時に労働者が団結し統一しさえすれば、いかに強そうにみえる米軍にも勝利することができる、という貴重な教訓を残したのである。

そしてこの教訓は、広範な労働者、県民大衆の熱烈な支持のもとでたたかわれた六九年六月五日の全軍労二十四時間全面ストライキへと発展していった。

この時は、「十割年休」ではなく、名実共に「スト宣言」を発しての全面二十四時間ストライキへの突入であった。

この時期は、ちょうど愛知外相がワシントンにでかけ、十一月に発表された世紀の大ペテン「日米共同声明」の事務的交渉をはじめた時であり、米日反動とその手先による大がかりな「七二年・本土なみ返還」説が宣伝されていたときであった。

一方、祖国復帰民主勢力は、「B52撤去、二・四ゼネスト」で起こった混乱を克服し、復帰協の総会決定にみられるように、安保条約廃棄、基地撤去による沖縄の即時無条件全面返還をめざすたたかいを強く前進させていた。

この祖国復帰民主勢力の前進、広範な県民大衆の支援と共闘は、全軍労のストライキを成功に導き、その団結に自信を与えた。

このストライキで特徴的なことは、米軍が完全武装をして、労働者のたたかいをむきだしで武力弾圧を加えたことである。十数名の労働者が銃剣で重軽傷を負っただけでなく、労働者のたたかいの現場を激励にまわっていた立法院革新議員団（人民、社大、社会）にたいしても銃剣を向け、社会大衆党委員長を負傷させたのである。

労働争議において、寸鉄もおびない労働者と人民に、完全武装兵と銃剣で襲いかかってくる。これはまさに異常であり、天人ともに許されない野蛮な野獣の行為である。

これは、単なる基地労働者への弾圧ではない。核基地、ベトナムをはじめとするアジア侵略基地、そしてB52の常駐、原潜「寄港」、演習の激化などにみられるように、太平洋における〝カナメ石〟を人民大衆のたたかいから武力でもって「守る」ための米軍の決意でもあった。それと同時に、真の返還はどうあるべきか、を広範な県民大衆を含む日本人民に実地に教えてくれた。

そして、これらのたたかいは、当初「基地撤去」をスローガンにかかげることをちゅうちょしていた全軍労に結集する労働者を大きく変えていった。

一九七〇年の壮大な幕開けとなった全軍労の四十八時間、百二十時間連続ストライキは、祖国復帰民主勢力の大きな前進を示すものであり、壮大な七〇年代のたたかいを力強く物語るものであった。

5　国政に参加して

一九七〇年十一月に、初の沖縄国政参加選挙がおこなわれた。はげしい選挙戦を祖国復帰民主勢力と共産党を先頭とする本土の民主勢力の支援で高位当選をかちとった私は、東京での歓迎集会でつぎのようなあいさつをしたことをおぼえている。

当選したその日から瀬長先生ということになって奇妙な感じがしております。先生と言われるとは、まったく夢にも思っていなかったのです。国会に行きまして共産党の皆さんの案内で委員会室、控室、議員会館などを見てまわりましたが、通るたびに守衛さんがケイレイするんですね。それでますますおかしなことになってしまった……（笑）、あの赤じゅうたん、ちっとも赤くないんですね。あれを上がったり下がったりするだけで、実は選挙中の三日くらいのつかれを感じたわけなんです。国会はとんでもないところだ（笑）。

しかし、国政の最高機関といわれているところですから、なんとか議会制民主主義をかちとらなくちゃいかんとひしひし感じています。君は無所属だから発言はだめだよといって、勝手に発言を制限するようなことは許されない。現実が悪ければ、現実をどう変えていくかということが問題でして、現実がそうだからあきらめろなんていうことにはならないと思います。そういうやり方はアメリカと同じになるわけで、これは変えなければならない（拍手）。

国会がはじまると自民党は、まずアメリカのやり方で私の沖縄問題特別委員会入りを妨害してきた。残念ながらこの問題については一部の野党のなかからセクト的な態度が生まれ、自民党に攻撃を集中することはできなかった。

それで「沖特委」入りは結局、ただひとつしかない共産党の議席をゆずってもらうことになった。つぎに「無所属」だからといって発言を制限してきた。

私はこれにたいして、国政参加法の趣旨を踏みにじり国会法を無視した非民主的な委員会運営であるとして、つぎのとおり追及した。

「私は、最初に議会制民主主義に関連してこの委員会の民主的運営についての意見をのべたいと思います。私の発言時間は一〇分に制限されています。私はかつて祖国復帰運動をしたということでアメリカの軍事裁判にかけられまして、二ヵ年の懲役を言い渡されましたが、その時の法廷における最終陳述、すなわち被告としての私の発言は一〇分間でした。私は、いまそれを考えて非常にゾッとしております。国会は少なくとも国政の最高機関であります。その国会の委員会でこのようなことがあってはならないと思います。

しかも議員の発言については、国政参加法の趣旨だけでなく、国会法や衆議院規則でも明確に保障しており、発言を封じたり、制限したりしてはならないと考えます。」

冒頭に軍事法廷の話を持ち出したので山中総務長官をはじめ各委員は一瞬びっくりした表情になっていた。

現在の国会運営は、すべて慣例と党派別の議席によって運営され、議会制民主主義は形骸化しつつある。野党の一部に現在の「慣行」を是認し、その上にのって自派の利益を守るために自民党と「裏取り引き」に熱中している党があることは残念である。

この一部野党のセクト的態度は、国会を真に国民のものにしていくうえで大きな障害となっている。これをとり除く力はやはり壮大な大衆闘争の発展である。と同時に真に議会制民主主義の確立、国会を国民のものにしていくために院外の大衆闘争と正しく結合し、自民党とその政府と徹底的にたたかう政党、革新統一民主勢力の代表を数多く国会に送り出すことである。

また、国民の側からいえば、選挙で当選させて国会に送りこむだけでなく、その議員と政党と常につながりをもち、共に諸権利の獲得、諸要求の実現のために持続的にたたかいを発展させる努力を中断しないことである。

沖縄県民の心を国政に反映するためには、常に私を送りだした沖縄県民のたたかいに注目し、共にたたかうなかで教訓を学び、要求をくみあげることが欠かすことのできない姿勢であることを改めて痛感した。

6　はじめて見た共産党の顔

「みなさん、自民党や反動勢力は共産党のことを暴力団や赤鬼、青鬼みたいだと宣伝し、共産党と国民をひきはなそうとしています。みなさん、わたし、暴力団員の妻みたいに見えますか。」

「いや！　あんたはチュラカーギーやさ！」（いや、あなたは美しい人だ）

これは、七〇年十一月におこなわれた沖縄の国政参加選挙での人民党演説会のひとコマである。応援にかけつけてきた共産党小笠原貞子参議院議員の演説に聴衆は即座にユーモアと親しみをこめたヤジで応えた。

不破哲三日本共産党書記局長は、北部のある小さな村でこう切りだした。

「仲泊のみなさん」、いつのまにかこの地名を覚えてしまっていたのだ。よびかけられた村の人たちは一瞬びっくりしたようであったが、すぐ親しみをこめた表情に変わった。

「みなさん、沖縄人民党と日本共産党は親しい友人です。信頼し合った間柄です。喜びをわかちあい、苦しいときにはお互いに助け合い、共に前進するために協力しあっています。さきの総選挙のときは人民党をはじめ県民のみなさんに随分ご支援をいただき、おかげで共産党は大躍進することができました。本当にありがとうございました」拍手。

「みなさん、今度私たちはそのおかえし、ということでもありませんが、瀬長さんをお迎えにあがりました。どうしてもみなさんのお力で瀬長さんを国会に送り出してほしい。でなければ私たちが困ります。みなさんが困ります。日本国民全体が困ります。瀬長さんは沖縄の魂、心です。いま沖縄のみなさんも含めて圧倒的な国民が日米共同声明に反対しています。

その意志表示としてぜひ瀬長さんを国会に送り出して下さい。」

野坂参三議長が来県したときは、那覇市でも、コザ市の演説会でも、定刻前から多くの市民がつめかけ、議長の一言一句も聴きもらすまい、と身をのりだしていた。

なかには涙を流し目をうるまして聴きいっている聴衆もいた。日程の都合で沖縄本島の北部まで足をのばすことができなかったので、「ぜひ北部にも！」と「直訴」してきた県民もいた。

この国政参加選挙で共産党は、衆参両議員全員とその秘書団が来県した。当初、「共産党はどんな顔をしているだろう！」と興味半分に演説を聴きにきていた人たちも、創立以来侵略戦争に反対し、人民のしあわせのために不屈にたたかいつづけてきた共産党、日米共同声明に反対し、沖縄全面返還、安保条約廃棄、祖国の真の独立のために私心のない努力をつづけている共産党の姿を知るなかで、重大な関心と期待を寄せるように変わっていった。

選挙が終わる頃には、多くの県民が共産党を自分たちの信頼できる仲間だと思うようになっていた。それこそ親しい友人になっていた。

野坂議長、不破書記局長をはじめ全共産党議員の人間味にあふれ、祖国と人民を愛する熱烈な姿勢が県民をひきつけたことはいうまでもない。山原健二郎衆議院議員は、沖縄で〝やんばるさん〟とよばれた（沖縄の方言で山原をヤンバルと発音するが、それはそのまま沖縄本島の北部地方の呼称でもある）。

その〝やんばるさん〟は県民に

仏桑華《ぶっそうげ》そこには咲くなそこは基地
汝が紅《くれない》は沖縄のもの

という歌を送り、沖縄への深い愛情を示した。

日本共産党が沖縄にはじめて公然とその顔をみせたことが、なぜ、沖縄県民にこのようにうけとられたのであろうか。これこそ、苦闘のなかで、ひとつひとつかちとってきた沖縄の民主主義の歴史がそこに象徴されているからである。

国政参加選挙の時、沖縄では「共産党を見る会」というのが地域に作られた。共産党が戦前戦後を通じてはじめて「顔」を見せたのは、実に一九七〇年四月二十八日だった。

日本共産党国会議員団沖縄調査団（団長、春日正一議員団総会長、団員、林百郎衆議院国対委員長、随員二名）がそのときのメンバーだった。

それまでに共産党は、十一回にわたって渡航申請をしていたが、そのつど米軍当局によって不当に拒否されていた。

それが共産党はもちろん、本土の自覚的民主勢力と沖縄人民党を先頭とする沖縄県民のねばり強いたたかいによって、ついに十二回目に渡航実現をかちとったのである。

日本共産党は、県民の熱烈な歓迎の嵐のなかで公然と活動を開始した。国政参加選挙における共産党議員団の来県は、その大きな交流の場をつくったものだった。

そして、このことは、共産党だけに関係するものではなく、沖縄県民がみずからの力でかちとった民主主義の勝利を示すものであった。

一九七一年八月、沖縄人民党中央委員会と日本共産党中央委員会の共催による「人民大学」が沖縄でおこなわれた。

「マルクス・レーニン主義とは何か」「日本革命の展望」などをテーマにした、日本共産党書記局長不破哲三氏や幹部会委員米原昶氏、茨木良和氏、新原昭治氏らの講演は、那覇市、コザ市、石垣市の教室で受講した約八〇〇人余の人びとに深い感銘をあたえた。

沖縄で、マルクス・レーニン主義や日本革命について、系統的に、しかも公然と講演されたのはもちろんはじめてである。

ある受講者は、「沖縄でこのような講座がもたれたのは、まさに驚天動地のことである」「自分たち労働者の未来が明るく開けた思いで、明日からの活動が一段と力がはいると思う」などとその感動を語っていた。

7　山もほえる〝演習反対〟

たたかいの年一九七〇年の大みそかのこの日、約七〇〇名の国頭《くにがみ》村民は、午前七時すぎから、伊部岳の頂上、そのふもとの着弾地点、米軍の砲台がすえられたウフシキ山周辺などに坐りこんだ。

この日、米軍は村民の声を無視し、この国頭村で実弾射撃演習を強行しようとしていた。この地域は、ヘゴやエゴの茂る原生林で、世界中でここだけしか生息しない珍鳥ノグチゲラをはじめ一六種類の珍しい鳥が生息しており、琉球政府によって鳥獣保護地区に指定されていた。沖縄の自然を守るために、日本野鳥の会(中西悟堂会長)をはじめ国際鳥類保護会議(ICBP)、国際自然保護会議(IUCN)、世界野生生物保護基金(WWP)、それにアメリカの鳥類保護団体「オージュボン協会」なども、ランパート高等弁務官に演習中止を要請していた。

肌寒い朝あけ、黒ぐろと波うつ樹海の山なみにこだました国頭村民の叫びは、砲弾射撃を強行しようとする米軍の発射台にむかってひびく。「がんばろう」のうたごえがおこり、「沖縄を返せ」のうたが、とびかう米軍のヘリコプターの爆音をうち消すかのように高らかにおこる。「この山はわれわれのもの」「先祖伝来の山を米軍演習で荒らさせるな」「生命と生活を守ろう」「軍事基地を撤去せよ」「鳥を守れ」「水源地を守れ」と口ぐちに叫び、のぼりやプラカードをかかげ、オノやノコを手にして坐りこむ村民たち。

午前八時すぎ、米軍の発射台を目の前にした岡の上で、米軍演習阻止村民大会がひらかれた。米軍の発射台をへだてむかい側にある伊部岳の頂上では、この村民大会にこたえて赤あかとのろしがいくつもあがる。

私も現地にかけつけ、勇敢にたたかう国頭村民を激励した。

米軍は、このようなはげしい反対闘争も無視するかのように、午前七時ごろからヘリコプターで海兵隊員や車輌、発射演習用の砲弾などを運びこみあくまで演習強行の構えをみせた。

「このままでは演習を強行されてしまう。発射台におしかけよう」との声がおこるなかで、数十名の先発隊が川一つへだてたウフシキ山にのぼり発射台に向かって登り、有刺鉄線をへだてて数十名の米兵とにらみあった。

米軍が予告した演習開始の午前十時近く、山川村長が代表として発射台に上がり、米軍のメリー中佐につよく演習の中止を訴えたが聞きいれられず、村民の怒りはますます高まった。

午前十時、先発隊の合図で、待機していた村民は、旗とプラカードをなびかせて、つぎつぎにウフシキ山にのぼり、発射台をとりかこむようにして米兵と対峙した。

米兵は、手に手に棒や鉄のクイをもち、有刺鉄線をとりさろうとする村民になぐりかかり必死の妨止につとめていた。

しかし、「この山はおれたちの山だ。アメリカはアメリカに帰れ」「演習をすぐやめろ」と口ぐちに叫びながら村民は、米兵とときにはなぐりあい、とっくみあいになるなどのはげしいたたかいのなかで、まわりの有刺鉄線をいくつかの地点で突破した。

午前十一時五分、はげしい村民の抗議行動にたじろいだ米軍が、金網を放棄して後退したとき、「なかにはいって演習を阻止しよう」の叫び声とともに、数百人の村民は、米兵をおいあげながら発射台の近くまで攻めのぼった。

こうしたはげしいたたかいによって、追いこまれた米軍は、ついに演習の強行を断念、山川村長がそれを村民に報告した。

村民が監視するなかで、米軍は大砲四門を午後一時すぎまでに撤去、沖縄県民のガードに発射台を守らせて、海兵隊もひきあげた。

こうして、この日の演習は阻止された。たたかいの先頭にたったある村民はこう語った。

「今日はやめたけれども、米軍はこれからまたやろうとするにちがいありません。しかし、私たちの生命と生活、この山やまを守るためにも、ぜったいにここで演習させてはなりません。さいごまでがんばります。」

コザ事件につづいておこった、この国頭村民の劇的な闘争は、日米沖縄協定を阻止し、核も基地もない沖縄にむけてたたかいぬく、沖縄県民の闘争ののろし火となった。

「正月は山のなかだなあ」と覚悟していた県民は、たたかいの勝利を胸に、晴れやかな気持で一九七一年の新年を迎えた。

8 異常な夏——水攻めと毒ガスの恐怖——

一九七一年の沖縄の夏をあるジャーナリストは、〝異常な夏〟と名づけた。その幕開けは、世界的な「政治ショウ」としてテレビの宇宙中継までおこなった日米沖縄協定調印の六月十七日である。

沖縄に夏が訪れるのは北海道より二ヵ月も早い。その日、青く澄みきった南国の空にはじりじりと焼けつくような太陽が照りつけ、人びとにきびしい長い夏の始まりを告げていた。と同時に、きわめて危険で屈辱的な沖縄協定の調印は、この夏が〝異常な夏〟になるのではないかという不安をあたえた。この不安は不幸にして的中してしまった。まず長期異常干ばつである。五十数年ぶりといわれる酷暑にくわえて約七ヵ月も雨らしい雨の降らない日がつづいた。沖縄本島のはるか南にある宮古・八重山群島はひどい事態となった。気象観測史上はじめてといわれるこの異常干ばつは、両群島の主要農産物であるサトウキビを全滅させ、その他の農作物はおろか、牧草までも枯らしてしまった。そのために栄養失調で牛が死ぬという事態まで起こった。一〇万人の人口のうち約七割がサトウキビの生産で生活を支えている両群島の人びとにとって、サトウキビの枯死は同時に人間の「枯死」を意味していた。

九月七日、相呼応して宮古・八重山の郡民は「非常事態」を宣言して立ちあがった。干害対策要求総決起大会には、両群島あわせてゼネストなみの一万人が結集した。そして叫んだ。「枯死する郡民を救え」「干害プラス、ドル・ショック、台所も非常事態宣言」「佐藤さん、枯れたキビにはサトウもないよ」と。農民代表は「佐藤は農民を見捨てている」と怒り、高校生代表は「自衛隊の莫大な費用をさいて、どん底にある住民を救え」と佐藤自民党を鋭く糾弾し、大人たちと共にたたかう決意を表明した。大会は、非常事態宣言のあと、農民の手で枯れはてたサトウキビに火がつけられ、その炎を囲んで大きく燃え上がっていった。燃え上がる炎を見つめる農民の表情は、深い苦悩と県民不在、県民無視の日米両政府にたいするはげしい怒りに満ちあふれていた。いままでの軍事優先をやめて、両群島の水源地開発に国家資金をつぎこめ、という要求は日を追って高まってきた。

この異常干ばつは、沖縄本島にも深刻な事態を生じさせた。連日三〇度をこす猛暑のなかで、県民は飲み水にも事欠くような苦痛をしいられた。三日おき給水は、人びとの生活を狂わせ、死活問題とさえなった。水がないわけではない。ある老人が「このくらいの日照りで沖縄の水が枯れたためしがない」と語っているように、豊富な水源地があった。だがこの水源地はほとんど米軍に奪われてしまっている。上水道の管理、運営はすべて米軍に握られている。県民は自分の島に住んでいて、こんこんと湧き出る水を飲む自由すら拒否されているのだ。長期干ばつの影響もたしかに反映しているが、米軍による水源地の強奪によって断水が起こっているのは明らかである。米軍は沖縄県民の六分の一の給水人口であるにもかかわらず、総需要量の三二パーセントの水を使っている。基地労働者の話によると、「基地内では節水のまねごとはやっているが断水はしていない」という。県民の怒りが燃え上がるのも不思議ではない。沖縄本島の南部にある島尻郡知念村志喜屋では、部落の中にある水源地を「戦争につながる米軍や自衛隊に使わせることはできない」と部落常会で決議し、琉球政府や立法院に協力要請をおこなった。

沖縄協定は、米軍基地の存続をそのまま認めている。そのなかには水源地もはいっている。復帰対策要綱には、水道公社を「買取る」としているが、水源地の問題には触れていない。水源地をかえせという要求を通じて沖縄協定にたいする不信と糾弾の声が高まってきているのは至極当然なことである。

水のない長い夏、しかも酷暑つづきは、沖縄県民に耐えがたい苦痛と混乱をもたらした。七月十五日から開始された米軍の毒ガス兵器の移送は、その苦痛をさらに倍加し、県民を恐怖と不安のどん底につきおとした。約六〇日にわたって一万二八五〇トンのHDガス、GB（サリン）、VX（神経ガス）が沖縄本島中部にある美里村池原、具志川市栄野比、昆布、石川市東恩納、美原などを通って天願軍港まで連日運ばれた。とくに移送路の沿道にある部落の物心両面の被害は深刻である。ほとんどの沿道住民が連日避難をくりかえした。避難は、その日の風向きを見ながら風上へ、風上へとつづけられた。米軍はしきりに〝安全性〟を強調した。しかし万が一事故でも発生すれば、それは住民にとっては一〇〇％の生命の危険を意味していた。朝早くから夕方の五時頃まで、避難は約六〇日間もつづけられた。農家は野良仕事をすて、商人は店を閉め、労働者は家族を親戚へ預けて出勤していった。小中学生の臨海学校、林間学校も中止され、夏休みの楽しみも奪われた。「もう疲れはてた」と何名かのお年寄りが病院にはこびこまれた。ひとりの老婆はその心労がもとでついに生命を失ってしまった。人びとの精神的、経済的苦痛ははかりしれない。

毒ガス兵器をひそかに持ち込んだのはアメリカである。撤去費用はもとより、避難に要したいっさいの損害補償は当然アメリカ政府の責任である。しかしアメリカはその責任を拒否した。日本政府が背に腹はかえられないとか釈明して、いくらかの円を支出した。しかも、すでに予算に組まれた沖縄「援助金」のなかからである。沖縄協定第七条は、三億二〇〇〇万米ドルの財政支出を規定している。その中から七〇〇〇万ドルを撤去費用にあてるのだ、と恥も外聞もすて去った愛知前外相は国会で答弁した。核を沖縄にもち込んだのも毒ガス兵器と同じくアメリカである。ここでもアメリカの軍事行動の肩替りを日本国民の犠牲において強行しようとしている。日本国民の尊厳にかけて、これを断じて許してはならない。

9 日米沖縄協定

アメリカ下院歳出委員会の海外活動小委員会は、去る三月三十日におこなった「沖縄の軍政」に関する秘密聴聞会の議事録を九月六日付で発表した。このなかでランパート高等弁務官がおこなった証言は、あらためて沖縄協定の危険な内容をつぎのように浮きぼりにしている。

一、最近の太平洋における米軍の配置変えによって、沖縄駐留米軍の一部削減を含め、若干の変化が生じた。しかし沖縄には、嘉手納空軍基地、陸軍第二兵站司令部、第三海兵師団、大規模通信施設など広範な基地が、ひきつづき存続することになる。沖縄は今後不定期間にわたり、太平洋における米国ならびにその同盟国の防衛のため、決定的な役割を果たすだろう。

一、沖縄「返還」のプラス面の一つは、われわれが地主に毎年払っている一〇〇〇万ドルの軍用地地代を、「返還」後は払わなくてすむということだ。

一、過去一年ちょっとの間にメースBが撤去され、陸軍の対空兵力が削減されたほか、一部空軍兵力が移動した。こういった削減は、わずかなもので大規模なものではない。全体的に兵力は第三海兵師団が六九年十一月にベトナムから引揚げてきたため、事実上二年前より強力になったくらいだ。

以上が証言の要旨である。沖縄協定が調印される直前にこのような証言がなされていることは、「協定」の危険性と欺まん性と侵略性をあらためて暴露したものである。同時に沖縄の全面返還を要求する、沖縄県民を含む日本人民にたいする重大な挑戦である。

この証言は事実によって裏づけられている。たとえば、嘉手納基地では、F105Dサンダーチーフや F4C ファントムなど、核兵器の搭載できる戦闘爆撃機が増強されているばかりでなく、去る五月十三日には、東京・横田基地から米第五空軍に属する第三六戦術戦闘機中隊の二個中隊（戦闘機三六機）が移駐してきている。

佐藤首相は国会答弁のなかで、さかんに沖縄の米軍基地は「施政権返還時には本土なみになる」と言っていた。しかし、事実はまったく逆の危険な方向へ進んでいる。

共産党国会議員団の調査によって、核の存在がいっそう明らかになったが、その時の嘉手納基地第三一三空軍師団第一八戦術戦闘機大隊（F105D）に「核兵器安全点検室」のあることや、名護市辺野古の陸軍一三七軍需品補給中隊に「安全点検将校」と「人間の信頼度の点検担当将校」など、核と関係のあるとみられるものは、依然としてそのままである。

なお、同党の第三次調査団によると「核安全点検室」とのっていた電話番号簿の名称が、「航空安全点検室」に変わっているのが判明した。また沖縄と台湾を結ぶ海底軍事ケーブルのあるハンビー飛行場は、金網で囲まれてはいれないようになってしまった。米軍のろうばいぶりが目に見えるようだ。

さらに国会でも問題になり、論議された特殊部隊、VOA・FBISなどはどうなっているのか。愛知前外相は「安保条約に適合するように体質改善をおこなう」と言っていたが、その作業は進められていない。ランパート証言にあったように、メースBの撤去や一部空軍の移動があったが、そのあとは県民に開放されるのではなく、ほとんど陸軍アジア特殊活動軍が配置されている。勝連村のホーク基地には第一特殊部隊通信中隊、与那城村西原のナイキ・レーダー基地には同通信中隊、石川市美原のナイキ・ハーキュリーズ・レーダー基地にはA中隊（レインジャー空挺）というぐあいである。

米海兵隊が民族解放闘争の弾圧やいわゆる新興諸国侵略を専門とする悪名高い殺し屋部隊であることはよく知られている。その侵略戦争の火つけ役、ベトナム侵略の先兵的役割を果たした第三海兵隊が沖縄に舞い戻ってきた。ニクソンの欺まん的なベトナム撤兵政策にもとづいての行動である。第三海兵師団は、沖縄に舞い戻ると同時に海兵第一航空団といっしょになり、「第三海兵緊急派遣部隊」を編成している。いつ、どこへでも出撃する態勢をとり、命令のおりるのを待っている。そしてそのもとでベトナム侵略戦争で実戦ずみのヘリコプターが増強され、ジャングル戦、対ゲリラ戦の訓練を連日おこなっている。

そのほか、補給、訓練、兵站、通信基地などの増強がつぎつぎとすすめられており、沖縄基地の現状は縮小どころか、「本土なみ」どころか、安保条約の全十核基地化に向かってすすめられている。この沖縄にある米軍基地の機能を維持し、強化することが「共通の安全保障上の利益」になると米日反動勢力は沖縄協定でうたっている。そして、これを機会に、沖縄でも本土でも、「日米軍事協力体制」を飛躍的に強めようとしている。沖縄の宜野湾市にある海兵航空基地の司令部である岩国基地の拡張は、これを端的に物語っている。

沖縄協定にもとづいて発表された基地リストでは、三四ヵ所が復帰前に返還、一三が復帰時に返還され、残り七五が継続使用ということになっている。しかし、ここにもごまかしがある。一例だが「コザ憲兵隊詰所」がそれである。わずか一四坪のいわばポリス・ボックスが堂堂と一個の基地に数えられているのだ。

また、復帰時に返還される予定の一二ヵ所のうち一一ヵ所を自衛隊が使い、一つを運輸省が引き継ぐことになっているが、結局これは、返還されるのではなく、自衛隊がアメリカから買い取ることになる。まさに県民をはじめ日本国民の利益と安全保障とは無縁な「返還」といわねばなるまい。

国会の論議で、F4EJファントム戦闘機が沖縄に配備されると、朝鮮、中国が行動半径にはいり、攻撃用兵器として使われる危険があるとの追及にたいして、中曽根元防衛庁長官は

「日本の国策は攻撃ではなく専守防衛である」とくりかえし答弁していた。「わが国の軍隊は、外国を侵略し、攻撃することを最大の目的としている」と真実を告白しうる侵略者はいない。日本帝国主義軍隊もそうであったが、今日ベトナムをはじめ、インドシナ三国を侵略しているアメリカ帝国主義軍隊も「防衛反撃」の名でいまなおベトナムを爆撃しつづけている。となると「専守防衛」という言葉はあまり信用できない。また、信用できないことを佐藤内閣や自民党はすすめてきている。第四次防がそれだ。第三次防では、領海周辺を守る自衛隊の育成が中心であったが、第四次防では、「公海、公空の敵を排除する」能力をもつ自衛隊の増強が最大の目標となっている。これは、五兆八〇〇〇億円というとてつもなく莫大な軍事費を見込んでいることから見ても、はっきりと「日本国軍隊」の完成を意図しており、中曽根元防衛庁長官の「わが国の具体的防衛範囲は、東は南鳥島から西は尖閣列島を結ぶ、東京を中心にした、半径一千カイリの範囲に拡がる」と述べているように、西太平洋をはじめ本土以外の海外に公然と自衛隊が出かけていくことを示している。

この計画は、いまにはじまったのではない。六九年九月二十五日、松江市でひらかれた一日内閣で佐藤首相は「今後アジアの安定に主役を果たすのは、日本であり、アメリカはむしろ側面協力することになろう。戦後日本民族の活力は、好むと好まざるとにかかわらず、四つの島にのみ凝集されてきたが、沖縄返還によって、鹿児島からはるか一〇〇〇キロも離れたところに、一〇〇万の同胞が生活を営なんでいることが現実のものとなる。〝アジアはひとつなり〟

という明治の先人のことばが、いまほど痛切に想起されるときはない」と、きわめて明確に沖縄の「施政権返還」を口実に、アジアに進出していく決意をのべた。これは、愛知前外相の「沖縄が返れば、戦後が終わり、日本の力は万全のものとなり、アジアで責任をになう用意が整う」という発言に通じる。そしてここに、沖縄協定の大きなねらいのひとつがある。日本の軍国主義、帝国主義の復活を日米反動勢力は、この第四次防の完成と沖縄協定にかけているのである。もちろんこの二つは相互関係にあり、一体となって動いている。

さて、沖縄協定が調印されて間もない六月二十九日、日米協議委員会は、「日本国による沖縄局地防衛に関する取決め」(久保・カーチス協定)に調印、一九七三年までに陸海空の自衛隊六八〇〇人を配備する計画を発表した。沖縄協定はすでに動き出しているのだ。日米軍事混合体制の内容は、陸上一八〇〇人、海上一一〇〇人、航空三九〇〇人である。主な部隊はホーク四中隊、ナイキ三中隊、F一〇四J二五機、P2J一二機、護衛艦一〇隻である。

それにしても、復帰後は日本の施政権下にはいってくる沖縄への自衛隊の配備が、アメリカとの特別な取決めによってしか決定できないという事実は何を物語るのか。それは「本土なみ」返還どころか、沖縄の置かれている屈辱的位置が依然として継続され、沖縄に配備される自衛隊が本土のそれ以上にアメリカの軍事体制に組みこまれることを示している。

そしてこの自衛隊は何をやらされるのか。まず第一に、アメリカの「頭痛のタネ」である沖縄県民の基地撤去、米軍撤退、全面祖国復帰を要求するたたかいを弾圧することである。「アジア人をしてアジア人をうたせよ」「同胞相闘わせる」ニクソン・ドクトリンの実践に忠犬ぶりを発揮することである。第二に、沖縄県民の生命と財産、安全と人権を守るのではなく、米軍基地を守ることである。〝ナイキ・ハーキュリーズ〟を買い取るのもそのためである。

そして自衛隊は文字どおり米軍の指揮で彼らの手足となり、一体として行動し、アジア侵略のキバをとぐ。日米共同声明はつぎのような約束と、その立場を明らかにしている。

一、現在の極東情勢のもとにおいて、沖縄にある米軍基地が重要な役割を果たしていることを大前提とする。一、復帰後は沖縄の局地防衛の責務は、日本側の防衛の一環として徐々にこれを負う、としている。それが「極東の安全は日本の安全と一体である」との認識で行動することは明らかであり、一方、本土においてもジョンソン次官が共同声明の〝背景説明〟で、「在日基地について、アメリカの行動は理論上拡大される」と述べているように、新しい展開をなすものである。そして、先に述べたように沖縄の米軍基地の機能の維持と強化のなかに、自衛隊が組みこまれていくことは、安保条約の実質的な大改悪であるのみならず、沖縄基地が太平洋における「キー・ストーン」から「ステッピング・ストーン」に質的に変化していくことを示すものである。さらにまた、これまで憲法の外にあった沖縄に自衛隊が公然と配備されるということは、核を含む沖縄基地の性格からみて、憲法を大きく踏みにじるものであり、ひいては憲法の改悪を強行し、軍国主義、帝国主義の完全な復活をはかろうとするきわめて危険な策謀がかくされている。

自衛隊の沖縄配備反対、これは沖縄県民の一致した叫びであり、願いでもある。あの第二次世界大戦で、侵略戦争の悲惨さを身をもって体験し、さらに戦後二十六年間、アメリカ帝国主義の軍事占領支配下で、戦場と変わらない環境で、苦痛にみちた生活を送ってきた沖縄県民の体験は、戦争につながる軍隊の存在を拒否する。多くの県民は「友軍」であるはずの日本軍隊から差別され、迫害された事実を忘れない。

「沖縄人は鬼畜米英のスパイだろう」といって、砲弾のとびかう壕外に追い出されたりしながら「本土決戦」の犠牲となって散った幾万同胞の悲惨な姿を今も胸にきざみ、再び戦争を起こしてはならないという決意を県民はいちように固めている。屋良主席も「自衛隊の配備反対」を県民を代表して表明している。

豊見城村又吉一郎村長は、防衛庁長官の「復帰後、アメリカが負っている沖縄の防衛責任は、当然わが国が第一義的に負うことになるので、貴村の瀬長島を使用する計画だ。その意図を理解願いたい」との〝親書〟にたいして、「ひとの土地を勝手に使うことは許さん。瀬長島はただちに村民に返せ」と怒りをこめて反論し、自衛隊の配備に反対する堅い決意を表明した。又吉村長は、返書のなかで「正義は必ず勝利するという村民の意志は自衛隊の本質を見抜けないほど幼稚ではないし、豊見城村の未来は、村民の団結と自らの実践によってかちとられるものであり、自衛隊への協力は民生の破壊に通ずる道である」とも述べている。この又吉村長の毅然たる態度は、たちまち大きな共感と反響をよび、平良那覇市長をはじめ、多くの市町村が「自衛隊に土地は貸さない」ことをきめ、非協力運動を大きく盛り上げつつある。

このような情勢のなかで、復帰協に結集する民主勢力を中心に、「土地と権利を守る軍用地主会」が結成され、軍用地契約拒否、軍用地解放、復元補償の実現を要求するたたかいは、組織的にも大きく前進しようとしている。現状では「契約もやむを得ない」と思っている軍用地主もいる。しかし、その地主たちも納得のいく地代の引上げを最低限の条件としている。

とにかく、沖縄協定には、「返還」後も沖縄の米軍基地のほとんどがそのまま存続すると明記されている。そのためには、日本政府（防衛施設庁）が個々の地主と軍用地提供について契約を結び、米軍に提供するという手続きをふまなければならない。

ところが、政府、自民党でさえ三万八〇〇〇人の地主のうち、約二〇％前後の地主が契約を拒否するだろうと見ている。これは、一瞬の「空白」もなしに米軍への基地提供をおこない、自衛隊の配備をすすめなければならない政府にとって、きわめて「困難」な作業である。しかし、アメリカ側から、軍用地の継続使用を十分に保証することを「返還協定批准の前提条件とする」と言われているだけに「土地収用」は至上命令であろう。島田防衛施設庁長官も収用がうまくいかなければ沖縄返還の実体がなくなると語っているように、「土地収用」は、米日両政府にとって沖縄協定の主要な柱なのである。

八月十六日に、沖縄市町村軍用地主連合会は、「契約」をする場合に現在の軍用地料の平均六・九一倍に引き上げるよう政府に要求した。ところが、島田長官は、この地料引き上げはとうていのめない、大蔵省への新年度予算概算要求にも盛りこめない、としてこれを拒否した。それどころか「やむをえない場合は、軍用地の強制収用もありうる。そのための法案を今秋の国会に出す」とのべ、地主たちを脅し、県民の強い要求に挑戦する態度を示した。

もともと、沖縄の米軍用地のほとんどが、米軍の野蛮な武力による強奪によって農民から取り上げたものである。喜んで契約した農民はひとりもいない。そのうえ、一坪あたり平均一六セント（約五七円）という常識はずれの安い地料で、二十数年間もただみたいに使われてきたのである。したがって、軍用地主連合会の要求は、決して不当に高いものではない。島田長官の挑発的な発言は、当然のことながら地主の怒りを買い、「米軍の武力による土地強奪と同じではないか。これが〝祖国政府〟のやることとか」と抗議の声がわきあがっている。

しかし、政府は、県民の怒りを無視し、一方的に作業をすすめている。そして、防衛施設庁は「公用地等の暫定使用に関する法律案」を何としてでも「沖縄国会」で通過させようと策謀をめぐらしている。そのひとつは、総理府から提出される民生関係の暫定特別措置法に「土地収用法」を盛りこんで一括通過をはかろうとしていることである。単独立法で提出すると、沖縄県民の反対の意思が強く、野党の集中攻撃で国会通過が非常に困難になる、というのが防衛施設庁のいわゆる情勢分析である。総理府提出のものとだき合わせれば、民生関係が多く含まれているので最終的には野党も賛成せざるをえないだろうというのである。この防衛施設庁の態度は、沖縄県民をはじめ、日本国民を愚弄するものであり、強奪布令政治の再現をはかるもので断じて許してはならない。

先に述べたように、軍用地の契約を拒否するたたかいは、地主だけでなく市町村首長、自衛隊の沖縄配備反対の全県民を結集しつつある。そのなかで、去る七月二十四日、ついに勝利をかちとった具志川市昆布土地を守る会の土地取上げ反対闘争は、全県民をはげました。六年間にわたるねばり強いたたかいであった。伊江島土地を守る会もひきつづき団結を固め、着実にみずからの権利を拡大しつつ米軍を追いこんでいる。この二つの特徴的な土地闘争は、団結してたたかえば必ず自衛隊の配備反対、軍用地解放、契約拒否のたたかいも勝利できるという確信と展望を示した。この教訓を身につけ、沖縄県民は新たな土地闘争を準備し、日米共同声明にもとづく「沖縄返還の実態」をあばき、これに反対して全面返還をたたかいとるために奮闘している。

むすび　沖縄は何を求めるか
――いまわしい過去と現在からの出路――

県民の総抵抗への意欲

日米沖縄協定の批准国会をむかえて、いま沖縄県民は、この侵略的で屈辱に満ちた日米沖縄協定の批准を許さず、真の沖縄返還をかちとり、安保条約を廃棄する統一闘争を盛り上げつつある。

これは自民党、佐藤内閣の「〝核抜き本土なみ〟返還は近い、沖縄協定反対というなら、せっかく佐藤総理がニクソン大統領と合意して沖縄の祖国復帰を実現してやろうというのに、いつまでも祖国復帰はいやだというのか」という挑戦的な宣伝のなかで、進められている。

屋良琉球政府主席は、六月十六日、県民の意思をふみにじってすすめられた日米沖縄協定が、「沖縄にある米軍基地の重要な役割をみとめた、日米共同声明を基礎にしていること。本土なみといっているが重要基地はほとんどそのまま残り、さらにSR71や第七心理作戦部隊など本土にない特殊戦略部隊も撤去せず、VOAも暫定的とはいえ存続する。核抜きについては明確な保障はなく不安を残している。したがって協定の内容は県民の切なる要望にはほど遠いものがある」という趣旨の声明を出して遺憾の意を表明し、六月十七日の調印式への出席を拒否した。そしてその後、自衛隊配備と基地のための強制土地収用法には絶対反対の立場をあらためて明らかにした。

沖縄県民の返還闘争の統一母体である沖縄県祖国復帰協議会は、沖縄協定のやりなおしと全面返還、安保廃棄の要求実現をめざして統一行動を本土の民主勢力と相呼応しておこすことを決定し、たたかいにとり組んでいる。

さきにふれたように六月十七日の鳴りもの入りの協定調印以後、とくにことしの夏は、毒ガス撤去作業によって与えられた死の恐怖、史上はじめての七ヵ月余にわたる大干ばつによる農作物の枯死を含む水攻め、アメリカ帝国主義の戦争と侵略の政策にもとづく、ドル危機の犠牲のしわよせを満身に浴びた全県民の深刻な生活不安などをつぎつぎと経験するなかで、県民はこれらの事態の根底に、米軍基地と占領支配、安保条約による対米従属の軍事同盟体制の再編強化の策動があることを知りつつある。

一〇〇万沖縄県民はいま、歯を食いしばって日米支配層にたいする総抵抗のたたかいをすすめつつあるといえよう。

ところで私は、九月から十月初旬にわたって沖縄各地での講演会、懇談会、学習会などに出席して多くの質問を受けた。

▽核兵器の撤去はいつどのようにしておこなわれるのか、それは協定に明らかにされているといえるのか。

▽特殊部隊をそのまま、基地は縮小といっているが、そのかわり自衛隊が配備されるとなれば事態は少しもよくならないではないか。

▽水道、電力、開発金融公社は宣伝工作資金としてのガリオア資金でつくられ、県民の血と汗で毎年太ったのであるから当然無償でアメリカから引きつぎ、県民に提供されなければならないと思うがどうか。

▽琉球政府の建物や軍用道路まで買いとるというが、まさか正気で日本政府はアメリカに金を払うのではないだろうな。

▽請求権は放棄しているとのことだが理由はなにか。

▽沖縄のドルは一〇億しかない、なぜドル通貨を三六〇円で日本円に切りかえないのか、変動相場制に移る前日の八月二十七日一日で一二億ドル余りを円にかえたというではないか。

▽ドル防衛政策の実施による物価高その他の県民のうけたいっさいの損失を日本政府はいつ補償するのか。

▽砂糖キビの価格は返還後農民の要求どおり日本政府が補償してくれるだろうか。

▽軍用地の解放をもとめ、契約しない農民にたいしては強制的に収用する法律をつくるというが、これはかつての米占領軍による布令政治の再現ではないか。琉球政府の庁舎や道路まで国民の血税で買いとるというのに。

▽軍用地代の引き上げに日本政府は応じない、アメリカの要求はまるのみしながら日本国民のぎりぎりの願いは拒否する。それでは佐藤内閣はワシントン政府の出先機関ではないか。

▽労働者や中小企業者の身分と仕事の保障はやってくれるだろうな。

このような質問や要求がどこでも、はげしく発せられ、そのはげしさのために、「ちょっとまってくれ、こちらは自民党政府じゃないぞ」と口をはさみ、「ああ、そうだった」と満場爆笑する場面もしばしばあった。

ここには、沖縄協定にたいする県民の生命の安全、財産、生活と権利などについての深刻な不安と、ぎりぎりの要求、それをふみにじるものへのはげしい怒りがまざまざとしめされている。

占領軍の銃剣下の四半世紀

一九四五年、アメリカ帝国主義による軍事占領以来、常に占領軍の銃剣のもとで平和と日本民族の真の独立をめざして進められてきた祖国復帰運動は、六〇年の安保大闘争のなかで結成された沖縄県祖国復帰協議会にうけつがれて発展してきた。今日まで、復帰協に結集する民主勢力は、生命と財産、生活と民主的権利、自由と基本的人権をかちとるたたかいや、基地撤去闘争などサンフランシスコ「平和」条約第三条撤廃、安保条約廃棄の要求をかかげて祖国復帰民主勢力の統一戦線の結成強化に奮闘し、祖国復帰の統一闘争を前進させてきた。

教公二法粉砕、日米共同声明反対、生命を守る県民共闘などの諸闘争の先頭にたち、さらに全軍労に結集した基地労働者を共闘でささえ、基地を包囲してその機能をまひさせるまでに沖縄の対米抵抗のたたかいを発展させてきた。

この力はさらに琉球政府主席の任命制をやめさせ、六八年の三大選挙で革新民主勢力の代表として占領下はじめて直接選挙による屋良革新統一主席を登場させることとなり、現在にいたっている。

このような四分の一世紀におよぶ外国の軍事支配に反対した県民の統一闘争は、一方では本土の民主勢力の支援をうけ、逆にその統一の前進をはげましながら、発展してきた。

沖縄占領支配の目的がアジア侵略の基地の確保にあるところから、アメリカ帝国主義は、この沖縄・本土の相呼応した日本国民の闘争に直面して、いままでどおりの沖縄の分断占領支配をつづけることが困難になり、目下の同盟者日本独占資本、自民党、佐藤内閣との取り引きを考えざるをえなくなった。

アメリカ帝国主義による対日支配、沖縄の軍事支配は、一九五二年四月二十八日発効のサンフランシスコ「平和」条約・安保条約によって法制化された。サンフランシスコ体制を実態的にささえているのは、サンフランシスコ条約第三条にもとづく沖縄の祖国からの分断と、同条約第六条にもとづいて結ばれた安保条約という、対米従属の軍事同盟の二本の柱である。

ところで、これ以上屈辱的な支配を許さないという日本国民の尊厳をかけた主権回復のたたかいは、しだいに発展し、いまではこのサンフランシスコ体制にゆさぶりをかけるにいたった。

高まる日本国民の当然の要求を前にした米日支配層は、一九六九年の日米共同声明によって沖縄の七二年施政権返還を取り引きの道具にしながら、沖縄の軍事基地の果たす役割の重要性を再確認し、アメリカの核のかさのもとで、アメリカ人の血をアジア人の血でかえていく路線を確認した。それを基礎にしてつくられたのが日米沖縄協定＝佐藤・ニクソン沖縄軍事条約である。

だから、沖縄協定はたんに沖縄だけの問題ではなく、同協定を強行して沖縄の占領状態を半占領状態にかえることによって日本全土を沖縄化し、いっそう侵略と屈辱、反動支配をつよめ、対米従属のもとで日本の軍国主義復活の速度を早めようというのが、日米反動勢力の沖縄協定の基本路線である。

この基本路線は民族主権をおかし、戦争と侵略の道に日本国民をつきおとす路線である。協定批准に反対し、全面返還を要求するたたかいは、日米軍事同盟を拒否して、平和と中立の日本をめざすたたかいと結びついており、主権を回復し、真の日本民族の独立をかちとる道である。

安保条約の廃棄、沖縄全面返還をかちとり、サンフランシスコ体制を打破するたたかいは、日本国民の歴史的任務であるといえる。

沖縄協定は日米共同声明の合意事項を条約化したものである。

共同声明は安保条約を実質的に改悪し、沖縄の祖国復帰を熱望する日本人民のたたかいをそらし要求をふみにじり、日本を米「韓」、米台などの多角的軍事同盟に組み入れ、アジア侵略の「主役」を果たさせようとするものである。それはまた、沖縄の「施政権返還」に名をかりて、「核かくし、有事核もちこみ、出撃の自由」を保障し、日米共同軍事体制のもとで、アジアにおける多角的反共軍事同盟のカナメ石としての沖縄基地をいっそう強化し、県民にたいする反動的支配をいちだんとつよめ、サンフランシスコ体制の二つの柱＝安保条約と沖縄占領支配を補強し、日本全土を「沖縄化」しようとする米日支配層の新たな危険な策謀である。

安保条約の地位協定にもとづく米軍基地の存続、自衛隊配備による基地の共同防衛の危険な作戦を果たすため、いま自民党佐藤内閣は基地のための土地強制収用法の立法を準備し、この軍用地強奪布令におとらない「略奪立法」のもとで、憲法に保障された私有財産を否定し、所有権、契約権を国益の名でじゅうりんしようとしている。

県民はこれを許さず、自衛隊配備に反対し、軍用地の解放、契約拒否、復元補償、請求権獲得の運動を県ぐるみ闘争に発展させるために地道にねばり強くたたかっている。そしてこの闘争を日本全土にまきおこすんだと自信にみちたたたかいを進めている。

沖縄協定批准に反対し、即時・無条件・全面返還、安保廃棄の国民的な壮大な統一戦線のもとに、共社両党をはじめ全民主勢力が結集して団結と統一の津波のような力をもりあげることは当面の国民的な歴史的課題といえよう。

沖縄協定批准反対、全面返還、安保条約廃棄を要求する、全民主勢力の統一闘争は、七〇年代の政治を全日本国民のための政治にかえていく画期的時代の幕開けとなるだろう。

四分の一世紀にわたる過酷な、軍事的・植民地的支配のもとでの、耐えがたい生活と、困難な条件のなかでたたかいぬいてきた一〇〇万沖縄県民は、その壮大な統一戦線のきわめて重要な一翼をになって、歴史的、民族的責務を達成するために絶えまなく前進するであろう。

解説

新原昭治

待ちのぞまれていた本が、ついにできあがった。

瀬長さんの名著『民族の悲劇』（一九五九年初版、一九七一年八月新日本新書で再刊）につづいて、あの本の続編をぜひとも書いてもらいたい、と私たちはつよく願っていた。何人もの人から、同じ声をきいた。一九六〇年代という、沖縄県民の闘争史のもっとも偉大な日々の記録を、この闘争の先頭に立った瀬長さん自身の語りかけによって再構成してもらいたい、とのぞんでいたのである。その本が、ここにできあがった。日本の民主勢力にとって、また一つ貴重な財産がふえたわけである。

瀬長さんのこの新しい本に、私がなにかをつけくわえるとしたら、それはどっちみち蛇足になるだろう。しかし、それにもかかわらず、あえて私の感慨をのべさせていただきたい。一九六〇年代の沖縄県民の闘争は、今日までの日本における国民的なたたかいのなかでももっとも誇るべき、すばらしいものであった、と私は思う。日本共産党の宮本委員長は、沖縄県民の闘争を高く評価し、「米軍の銃剣のもとでつづけられてきたその闘争の不屈さ、自民党以外のすべての政党、労働組合、民主団体を結集して復帰協という統一戦線組織をつくりあげたその統一と団結、最近の全軍労のストライキにもみられるような切実な要求にもとづく多面的な大衆闘争の大きな前進、これらの成果のうえにたってついに一昨年かちとった主席選挙の勝利などなど、英雄的な、叙事詩的とでもいいたいほどの沖縄県民の解放闘争の足跡は、本土の民主勢力の現状とくらべるとき、多くの重要な教訓にみちています」とのべたことがある（『前衛』一九七〇年八月臨時増刊、日本共産党第十一回大会特集I、五六〜五七ページ）。

こんどの瀬長さんの本は、この六〇年代の県民の闘争をえがいているわけであるが、実は、六〇年代の沖縄県民の闘争の偉大さは、この闘争がアメリカ帝国主義の沖縄占領政策ならびに沖縄をかなめの基地としたアジア侵略政策にたいして与えた打撃の大きさをみるとき、いっそう明確になるのである。

ここでくりかえすまでもないが、一九四〇年代後半の占領開始期に「琉球共和国」でっちあげのたくらみまでもっていたアメリカは、一九五〇年代はじめにサンフランシスコ「平和」条約第三条をおしつけて、沖縄にたいする事実上の無期限占領の法的基礎がためをすませた。しかし、五〇年代なかばから、沖縄県民の対米抵抗の闘争は、土地闘争や瀬長那覇市政をめぐる攻防戦、あるいは「死刑法」撤回闘争などの形で、ようやく大きな高まりをみせつつあった。それをうけて、一九六〇年代は、本書冒頭にあるような沖縄県祖国復帰協議会の結成（一九六〇年四月二十八日）、アイゼンハワー大統領来島への抗議デモ（同年六月十九日）という、アメリカの占領者たちがかつては想像もしなかったような歴史的な事件で、幕をあけた。

わずか六年前の一九五四年に、屋良朝苗復帰期成会会長あての書簡で「沖縄で復帰を扇動することは、民心に混乱を醸し、共産主義者に慰藉《いしゃ》を与えることにしかならぬ」（ブラムリー首席民政官）と脅迫的言辞を弄していたアメリカは、六〇年のこの二つの事件で大きな衝撃を受けた。『アメリカの東南アジア政策』という本のなかで、フィフィールドは、アイクの沖縄訪問のさい米海兵隊がデモの鎮圧のために出動したことを想起しながら、「周囲が敵意に満ちていたので、米軍基地の機能は麻痺してしまった」と書かなければならなかった。六二年には、立法院が国連の「植民地解放宣言」を引用して、沖縄にたいするアメリカの植民地的支配を糾弾する決議（いわゆる二・一決議）を採択するなど、復帰協を軸とした県民のたたかいは新しい進展をみせたのであるが、この年、米議会で証言したエイルズ陸軍次官は、「われわれが琉球で享受している軍事的機動性の自由が、いちじるしくそこなわれる恐れのあるような前兆がかなり目につく」と嘆いた。ケネディの沖縄新政策（六二年三月）も、ほとんど効果はあげなかった。むしろ、県民の自治権拡大への政治的意欲とその闘争が、かつてないほど高まり、発展する一方であった。

米紙『ワシントン・ポスト』は、こういうとき、「一〇億ドルを投じ、火砲をつめた軍隊、核装備の飛行機やミサイルの集合体として、極東における米国のもっとも強力な基地は、同時にフラストレーションとディスコンテントの島である」（六四年）と報道したものである。六五年八月の佐藤首相の沖縄訪問は、本書にあるとおり、沖縄県民のつよい抗議にさらされた。六六年はじめの米誌『USニューズ・アンド・ワールド・レポート』は、「沖縄問題は、今後数年以内に激しい論議の中心になる可能性がある」との観測を流した。現大統領のニクソンが、「沖縄問題はダイナマイトだ」と語ったといわれるのも、この前後の時期とみられる。さらに六八年十一月の初の主席公選で、祖国復帰統一民主勢力の屋良候補が勝利したことは、アメリカのこの不安を確実にかきたてた。『USニューズ・アンド・ワールド・レポート』は、主席選挙の結果を論評して、「沖縄の主席に左翼系の人が選出されたことは、第二次大戦後の最前哨《ぜんしょう》基地を、いかにアメリカにとめおくかという問題を、いっそう悪化させることになった」と〝警告〟した。

アメリカ帝国主義の沖縄占領政策の矛盾の深まり、サンフランシスコ条約第三条による占領支配の破綻は、ここに拾い上げた米国側の言明から、手に取るようにあきらかである。アメリカは、この窮地から脱して、沖縄における「基地構造を維持する」（ジョンソン国務次官）ために、ともかくも沖縄の〝施政権返還〟

を問題にすることを余儀なくされたのである。ここにみられるような一九六〇年代の歴史の経過は、沖縄県民の祖国復帰統一闘争およびこれと団結して本土でたたかわれた民主勢力の闘争こそが、歴史を動かしてきた主要な要因であったことを、はっきり立証している。同時に、それは、沖縄県下の民主勢力の統一闘争、統一戦線こそが重要な決定的役割を果したことをあきらかにしている。このことは、私たちの、新しい民主、平和、中立の日本への変革のたたかいにも、現実的な展望とはげましをあたえるものである。

瀬長さんのこの本は、日本国民の誇るべき歴史となった一九六〇年代の沖縄県民闘争史を、いわば内側から、つまり沖縄県民の実感、体験をつうじて生なましくえがいてくれている。多くのえがたい教訓が含まれているだけでなく、つきない興味で読ませてくれるのも、瀬長さんなればこそと思うのである。沖縄の返還をめぐって、「日米沖縄協定」という形で、侵略的かつ売国的な施政権問題の処理と日米軍事同盟の侵略的強化が日米支配層によって強行されつつある今日、本書が一人でも多くの人びとに読まれることを願ってやまない。

（一九七一年秋）

本書は、新日本新書『民族の怒り』の版をもとに新装版として刊行する。

瀬長亀次郎（せなが　かめじろう）
1907年沖縄県（豊見城村）生まれ。
沖縄人民党の結成に参加し、書記長、委員長を歴任。1954年米軍による沖縄人民党弾圧事件で懲役2年の刑で投獄される。1956年那覇市長選挙に当選するが翌年の米軍布令により追放。1970年の国政参加選挙で衆議院議員に当選（以後1986年衆院選まで7期連続当選）。
1973年日本共産党中央委員会幹部会副委員長。1990年名誉幹部会員。
2001年10月5日死去。
〔主な著書〕
『沖縄からの報告』（岩波新書）、『民族の悲劇』『民族の怒り』『民族の未来』（新日本新書）、『沖縄人民党』『瀬長亀次郎回想録』（新日本出版社）など。

新装版《しんそうばん》　民族《みんぞく》の怒《いか》り――もえあがる沖縄《おきなわ》

1971年12月10日　初版発行
2016年4月25日　新装版第1刷

著　者　瀬　長　亀次郎
発行者　田　所　　稔

郵便番号　151-0051　東京都渋谷区千駄ヶ谷4－25－6
発行所　株式会社　新日本出版社
電話　03（3423）8402（営業）
03（3423）9323（編集）
info@shinnihon-net.co.jp
www.shinnihon-net.co.jp
振替番号　00130―0―13681
印刷・製本　光陽メディア

落丁・乱丁がありましたらおとりかえいたします。

ISBN978-4-406-06006-6　C0031　Printed in Japan